Gesund & fit

Die leichte Küche

Gesund & fit

Die leichte Küche

OTUS

Vorwort

Trotz eines Überangebots an Lebensmitteln stellt die richtige Ernährung für viele Menschen hierzulande ein Problem dar. In Zeitungen und Illustrierten werden jedes Jahr im Frühling die neuesten Diäten und Schlankheitskuren angepriesen. Dazu findet sich in den Regalen der Supermärkte eine weit gefächerte Produktpalette vom leichten Käse bis zum Fruchtjogurt light. All das zeugt davon, dass viele Menschen zu viel essen bzw. weniger essen wollen. Übergewicht und Verdauungsstörungen sind so etwas wie Volkskrankheiten geworden. Sich in seiner Haut wohl zu fühlen, gesund zu sein und das Leben zu genießen, das sind Wünsche, die jeder kennt und nachvollziehen kann. Nichts einfacher als das, möchte man meinen, wenn die Umstände nur nicht so wären. Schließlich stecken wir alle täglich in einem Berg von Arbeit; Hektik und Stress sind unsere ständigen Wegbegleiter. In der Freizeit wollen viele dann nur passiv ausruhen; sich beim Essen zu mäßigen, das kommt ihnen nicht in den Sinn. So gesellt sich zur ungesunden Arbeit noch ungesundes Verhalten in der Freizeit, und ehe man sich versieht, passt die Hose nicht mehr, und bald machen einem die ersten Wehwehchen zu schaffen.

Viele geraten daraufhin in einen Teufelskreis von Abmagerungsversuchen. Der ersten Diät folgt erneutes Zunehmen, dann die nächste Hungerkur, und so weiter und so fort. Das tut weder dem Körper noch der Seele gut, letztlich macht es nur unglücklich. Mal abgesehen von den wenigen, die sich durch eiserne Disziplin und tägliches Zwiegespräch mit ihrer Waage unter Kontrolle halten. Aber den meisten will das einfach nicht gelingen.

Was dagegen wünschenswert wäre, das wäre Genuss und Beschränkung so zu verbinden, dass man sich nicht gezwungen fühlt. Und da wären wir wieder beim scheinbar so harmlosen Wörtchen leicht, das doch so vieles für uns und unser Leben bedeuten kann.

Leichte Küche bedeutet natürlich, dass wir kalorienarm kochen, dass wir zu viel Zucker, zu viel Salz, zu viel Cholesterin vermeiden. Leichte Küche heißt aber nicht, dass es nie mehr einen Schweinebraten geben darf, und auf gar keinen Fall, dass Sie auf köstliche Desserts oder deftige Spezialitäten verzichten müssen. Beim Geschmack soll es keine Abstriche geben, denn das wäre ein Verlust an Lebensqualität. Leichte Küche richtig verstanden meint nicht Verzicht auf Genuss, sondern genussvoll essen mit Verstand.

In diesem Buch haben wir uns die Aufgabe gestellt, Ihnen alle wichtigen Aspekte der modernen, leichten Küche vorzustellen. Dabei spielen nicht nur leichte Lebensmittel eine Rolle, also etwa die industriell bearbeiteten, kalorienarmen Produkte, sondern vor allem die Auswahl der Lebensmittel und deren günstige Kombination nach ernährungswissenschaftlichen Gesichtspunkten. Sich leicht zu ernähren, ist eine Forderung an Jung und Alt gleichermaßen. Die Jungen, die aktiv und leistungsstark sein sollen, können das nur, wenn sie keinen überflüssigen Ballast mit sich herumschleppen. Und für die ältere Generation bedeutet leichte Ernährung die Grundvoraussetzung, wenn sie bis ins hohe Rentenalter ihre Vitalität erhalten wollen.

Jedenfalls wird dieses Buch dazu beitragen, dass Sie durch intelligente Auswahl der Lebensmittel und eine Änderung der Ernährungsgewohnheiten mehr Lebensfreude gewinnen, ohne dass Sie einen Verlust an Genuss und Geschmack hinnehmen müssen. Auch wenn hier viel und ausführlich von Gesundheit und Ernährungsänderungen geredet wird: Hauptsache bei der leichten Küche ist letztlich der gute Geschmack. Wenn Sie die prächtigen Fotos dieses Buches betrachten, werden Sie begreifen, dass leichte Küche wirklich Freude bereitet, dass sie Farbe und Duft ins Leben bringt.

Erfahren Sie das an sich selbst, machen Sie Ihren Alltag leichter und probieren Sie unsere Vorschläge aus. Dabei wünschen wir Ihnen viel Spaß und kulinarischen Erfolg.

Die Redaktion

Wissen ist wichtig

Aber ganz entscheidend für die leichte Ernährung ist nun freilich, dass und wie dieses Wissen in die Praxis umgesetzt wird. Dazu gehören einige grundlegende Verhaltensweisen, die man sich abgewöhnen muss, während man sich andere angewöhnen sollte. Der wichtigste Rat ist der, sich vor jeder Einseitigkeit zu hüten. Abwechslungsreich zu essen macht ohnehin mehr Spaß, als täglich dem gleichen Speisezettel ausgeliefert zu sein.

Jetzt gilt es, den täglichen Energiebedarf zu ermitteln. Mithilfe einer Kalorientabelle können Sie Ihre durchschnittliche Kalorienzufuhr pro Tag berechnen. Aber bitte ehrlich! Und nicht die kleinen Naschereien vergessen! Um eine Reduktion des Körpergewichts zu erreichen, wird die Kalorienzufuhr innerhalb einer Woche um 50% reduziert. Es liegt an Ihnen, Ihr persönliches Wohlfühlgewicht festzulegen. Ein Zuviel ist genauso schlecht, wie ein Zuwenig. Die Faustregel – Körpergröße minus 100 gleich Normalgewicht (bei Frauen etwa 10% weniger), minus 10% gleich Idealgewicht – dient der Orientierung. Genauere Werte ermittelt Ihr Arzt oder die Ernährungsberatung. Unsere Rezepte sind so aufgebaut, dass sie in den täglichen Speiseplan passen. Mit entsprechenden Zwischenmahlzeiten kann auch eine höhere Kalorienzufuhr erzielt werden.

Für Abwechslung sorgen kann man auch, indem man die Mengen bei den einzelnen Mahlzeiten reduziert und dafür öfter eine Pause für einen kleinen kulinarischen Imbiss einlegt. Aus wissenschaftlicher Sicht ist die Gewohnheit, drei Hauptmahlzeiten täglich einzunehmen, nichts anderes als falsch. Die dabei in kurzer Zeit aufgenommenen Mengen kann der Körper nur schwer verarbeiten. Viel besser und gesünder ist es, mehrere kleine Mahlzeiten pro Tag einzuplanen. Alle zwei Stunden etwas zu essen, das sehen Experten als einen idealen Rhythmus an. In der Zwischenzeit kann die körperliche Leistung konstant gehalten werden. Das vermittelt ein angenehmes Gefühl von Stärke und Lebenskraft.

Anders dagegen fühlt sich jemand, der nach einem üppigen Mittagsmahl erst einmal zwei Stunden braucht, bis der schlappe Körper wieder auf Touren kommt, und der dann ungeduldig und nervös die langen Stunden bis zur nächsten Nahrungsaufnahme verbringt. Wenn es irgendwie möglich ist, dann sollten Sie alle Ihre Mahlzeiten zu etwa den gleichen Tageszeiten einnehmen. Einem Schichtarbeiter ist das selbstverständlich kaum möglich. Bei den meisten anderen erfordert es aber nur eine geringfügige Umstellung des Tagesplans. Warten Sie nicht, bis der Hunger Sie übermannt. Hungrig neigt nämlich jeder dazu, zu viel zu essen und vor allem unkontrolliert etwas in sich hineinzuschlingen. Wer mit Heißhunger isst, der isst schnell, kaut schlecht und speichelt die Nahrung nicht genügend ein. Nichts anderes als quälendes Völlegefühl und hartnäckige Verdauungsstörungen können die Folge sein.

Konzentrieren Sie sich auf Ihr Essen. Dass Sie beim Autofahren nicht fernsehen oder Zeitung lesen können empfinden Sie ja auch nicht als Mangel. Was außerdem nicht übersehen werden sollte: Wer hungrig ist, dessen Blutzuckerspiegel ist abgefallen. Das hat weitreichende Konsequenzen. In diesem Zustand ist man unkonzentriert, reizbar und wenig belastbar. Beruflicher und privater Erfolg wären unter diesen Voraussetzungen fast schon ein kleines Wunder.

Jede Zwischenmahlzeit ist ein kleiner Ausstieg aus der Alltagshektik. Man vertritt sich ein wenig die Beine, man schnappt frische Luft, oder man schließt einfach die Augen und genießt seine Pause. Dazu isst man eine Kleinigkeit, nach Möglichkeit immer etwas anderes, so dass allein schon durch diese Abwechslung die graue Monotonie wenigstens für kurze Zeit aus Ihrem Leben verschwindet. Kleinigkeiten zu essen heißt natürlich nicht, dass alles erlaubt ist, sofern es nur klein ist. Ein Törtchen mit Sahnehäubchen ist unbestreitbar klein. Aber sein Kaloriengehalt ist unverhältnismäßig groß. Eine Packung gesalzene Erdnüsse, eine Tüte Chips, eine Flasche gesüßte Limonade, ein Becher Sahnejogurt, ein Müsliriegel mit Schokoladenüberzug – das sind zwar allesamt leckere Kleinigkeiten, aber als Zwischenmahlzeit dennoch nicht geeignet. Das jeweils kleine Plus an Kalorien summiert sich schnell zu einem kleinen Polster um die Hüfte. Statt des Sahnejogurts tut es auch ein normaler Jogurt. Statt der Chips sollten Sie lieber zu einem Apfel oder anderem frischem Obst greifen. Die Zuckerlimonade löscht den Durst auch nicht besser als Mineralwasser oder ein Obstsaft. Und wer ein echter Genießer ist, der versteht es, selbst aus einem kleinen Sandwich eine Delikatesse zu machen.

Bewegung hält jung

Zur leichten Küche gehört also notwendigerweise auch eine Änderung der Lebensweise. Wer einmal angefangen hat, durch andere Ernährungsgewohnheiten sein

Leben genussvoller und zugleich gesünder einzurichten, der wird auch zum Sport eine positive Einstellung bekommen und pflegen. Über die günstigen Auswirkungen sportlicher Betätigung braucht man kaum noch etwas zu sagen. Ob Sie es eher mit Tischtennis oder Jogging halten oder lieber Fahrrad fahren, ob Sie am liebsten in die Berge wandern oder zum Schwimmen gehen, ob Sie den Skilanglauf bevorzugen oder Tennis, es gibt für jeden eine passende Sportart. Lassen Sie sich von Ihrem Arzt beraten, welcher Sport für Sie am günstigsten ist. So ist Joggen natürlich eine gute Sache. Wer aber vorgeschädigte Kniegelenke hat, der sollte sich lieber dem Radfahren zuwenden.

Leicht zubereitet

Es genügt nun nicht, wertvolle Lebensmittel einzukaufen, wenn man sie anschließend so verarbeitet, dass alle wichtigen Nährstoffe auf der Strecke bleiben. Um das zu vermeiden, finden Sie im Folgenden einige praktische Tipps und Vorschläge.

Die wertvollen Mineralstoffe sind meist wasserlöslich. Das bedeutet, dass sie ausgespült werden, wenn Sie das Gemüse zu lange und zu gründlich waschen. Lassen Sie Gemüse niemals längere Zeit im Wasserbad liegen.

Gemüse soll grundsätzlich erst nach dem Waschen geschnitten werden. Einmal, weil geschnittene Lebensmittel dem Licht mehr Einfallsmöglichkeiten bieten, wodurch lichtempfindliche Vitamine zerstört werden; andererseits, weil wegen der größeren Oberfläche beim Waschen wesentlich mehr Mineralstoffe ausgeschwemmt werden.

Kartoffeln sollten aus dem gleichen Grund immer in der Schale gekocht und erst danach geschält werden.

Kräuter, ob frisch oder gefroren, sollten Sie erst kurz vor dem Servieren beigeben. Das schont nicht nur die Nährstoffe, auch der Geschmack bleibt so am intensivsten.

Wenn Sie Gemüse kochen, dann sollten Sie das Kochwasser nicht wegschütten. In ihm sind noch viele ausgewaschene Mineralstoffe enthalten. Verwenden Sie das Wasser, wenn möglich, zu Suppen oder Saucen. Auf diese Weise bleiben Ihnen die Mineralstoffe in der Gesamtbilanz fast vollständig erhalten.

Beim Zerkleinern und Vorbereiten der Lebensmittel gehen ebenfalls viele Nährstoffe verloren, wenn man nicht sorgfältig und sachkundig zu Werke geht. Noch größere Gefahren lauern auf Vitamine und Mineralstoffe, wenn es schließlich ans Garen geht.

Lebensmittel zu garen ist notwendig. Erst durchs Erhitzen werden viele überhaupt genießbar. Zum Beispiel Kartoffeln und Hülsenfrüchte. Andererseits sind Vitamine, Mineralstoffe und andere Nährstoffe sehr empfindlich gegen falsche Verarbeitung. Gemüse sollte deshalb nie in zu viel Wasser gekocht werden. Vitaminverluste sind dabei unvermeidlich. Je kleiner Sie Ihr Gemüse schneiden, desto mehr Nährstoffe gehen beim Kochen verloren. Gemüse muss nicht immer gekocht werden. Dünsten mit sehr wenig Wasser oder Dämpfen sind wesentlich geeignetere Zubereitungsarten.
Nutzen Sie darüber hinaus auch andere moderne Küchengeräte. Auf einem Elektrogrill zum Beispiel lässt sich Gemüse ohne Fett und Wasser sehr schonend garen.

Neben der Wassermenge spielt auch die Dauer der Garzeit eine wichtige Rolle. Je länger das Gemüse der Hitze ausgesetzt ist, desto mehr Nährstoffe verliert es.

Ganz wichtig ist der Zeitpunkt, an dem das Gemüse in die Flüssigkeit gegeben werden soll. Wenn Sie Gemüse ins kalte Wasser geben und dann alles langsam erhitzen, verliert das Gemüse die meisten Nährstoffe.
Deshalb gilt: Gemüse immer nur ins kochende Wasser. Anschließend den Deckel auf den Topf, um das Licht abzuhalten. Der Deckel muss gut schließen. Denn wenn, wie es am besten ist, sehr wenig Wasser im Topf ist, dann muss das Wenige gut geschützt werden. Wenn der Deckel schlecht schließt, entweicht der Dampf, und das Gemüse kann im schlechtesten Fall sogar anbrennen. Beim Dünsten kommt neben einer kleinen Menge Wasser immer auch ein wenig Öl in den Topf. Das verhindert garantiert – bei gut sitzendem Deckel – das Anbrennen.

In der leichten Küche sollten jedoch auch kleine Mengen Fett vermieden werden, wenn sie gleichwertig ersetzt werden können. Statt Fett können Sie beim Dünsten auch etwas nach Wunsch gewürzte Brühe verwenden. Anbrennen wird dennoch nichts; denn beim Dünsten ist immer genug Wasser im Topf. Was verdampft, steigt zum Deckel hinauf, kondensiert dort wieder und fällt auf das Gemüse zurück. Dieses gart also tatsächlich im eigenen Saft. Wenn das Gemüse fertig gegart ist, sollten Sie es möglichst gleich servieren. Durch unnötig langes Warmhalten entstehen nämlich erneut erhebliche Verluste. Ganz allgemein müssen Sie immer mit Verlusten rechnen, wenn Sie Gemüse erhitzen. Deshalb sollten Sie öfter einmal rohes Gemüse in Ihren Speiseplan aufnehmen. Zum Beispiel indem Sie statt Gemüse einen leckeren Salat als Beilage anbieten. Zumindest sollten Sie Gemüse so zubereiten, dass es noch einen deutlichen Biss hat. Das gilt heutzutage in der modernen Küche nicht nur als besonders delikat, sondern erhält, wie gesehen, auch weitgehend die Qualität von Obst und Gemüse.

Schnelle Töpfe

Wenn es darum geht, die Garzeiten zu verkürzen, ist natürlich der Schnellkochtopf mit Dämpfeinsatz in seinem Element.
Auch die Zubereitung in einem Wok ist sehr schonend. Hier werden mit wenig Fett und ganz ohne Wasser sehr kurze Garzeiten erreicht.
Und nicht zuletzt hat die Mikrowelle im Bereich Geschwindigkeit ihre großen Stärken. Außerdem ist praktisch kein Wasser zusätzlich nötig. Dazu kommt, dass die Mikrowelle bei der Zubereitung von Tiefkühlkost sehr schnell und wirksam eingesetzt werden kann.

Tiefkühlkost ist heutzutage von sehr guter Qualität. Das liegt vor allem daran, dass nur hochwertige Waren eingefroren werden können, und das geschieht so frisch wie möglich. Tiefgefrorenes Gemüse hat wesentlich kürzere Garzeiten als frisches. Außerdem erspart es Ihnen Arbeit im Haushalt und macht die Vorratshaltung einfacher. Wenn Sie ansonsten darauf achten, nur saisonales Gemüse aus der Region zu kaufen, dann können Sie Ihren Speiseplan mit Tiefkühlkost sehr variabel gestalten. Gefrorene und frische Waren können Sie jederzeit frei nach Geschmack und Laune mischen.

Inhaltsstoffe unserer Ernährung

Ballaststoffe
Ballaststoffe sind alles andere als überflüssiger Ballast. Sie erfüllen im menschlichen Organismus wichtige Aufgaben. Ballaststoffe zwingen den Menschen schon bei der Nahrungsaufnahme, gründlich zu kauen.
Damit regen sie den Speichelfluss an, was die Voraussetzung einer guten und effektiven Verdauung ist.
Ballaststoffe haben die Fähigkeit, Wasser zu speichern und zu binden. Dadurch vergrößern sie ihr Volumen, wenn sie erst einmal im Magen und Darmbereich angelangt sind. Das wiederum bewirkt ein länger anhaltendes Sättigungsgefühl und verhindert, dass Sie sich mit Heißhunger auf die nächste Mahlzeit stürzen.
Schließlich regen Ballaststoffe die Darmtätigkeit an. Die Verdauungsvorgänge werden beschleunigt, quälenden Verstopfungen wird wirksam vorgebeugt.
Vollkornmehle enthalten noch alle diese unverdaulichen Randschichten des Getreides. Leider wird bei uns das meiste Getreide immer noch in Form von weißem, ausgemahlenem Mehl verarbeitet. Bei diesem Mehl sind nahezu alle Ballaststoffe entfernt; es besteht praktisch nur noch aus Kohlenhydraten und Eiweiß.
Auf Auszugsmehlprodukte wie Weißbrot, Toastbrot oder polierten Reis kann man in der leichten Küche meistens verzichten.

Vitamine
Die bekannteste Gruppe der lebenswichtigen Nährstoffe bilden die Vitamine. Diese sind Stoffe, die der Organismus notwendig braucht, die aber im Stoffwechsel nicht im erforderlichen Ausmaß vorkommen. Sie müssen deshalb mit der täglichen Nahrung zugeführt werden. Hauptproduzenten von Vitaminen sind Pflanzen. Deshalb sind pflanzliche Lebensmittel wie Obst, Gemüse und Getreide unsere wichtigsten Vitaminlieferanten. Darüber hinaus gelangen Vitamine als pflanzliches Futter in tierische Organismen und über diesen Umweg in unseren Körper. Für das Funktionieren unseres Stoffwechsels sind Vitamine unersetzlich.
Auch wenn hierzulande durch abwechslungsreiche Ernährung ein Vitaminmangel ziemlich sicher ausgeschlossen ist, gibt es dennoch Gruppen der Bevölkerung, die an Vitaminmangel leiden können. Dazu gehören etwa Patienten, die längere Zeit Antibiotika einnehmen müssen. Rauchen und übermäßiger Alkoholgenuss sind ebenso schädlich. Auch Dauerstress frisst die Vitaminvorräte des Körpers auf.

Vitamin A
ist das Wachstumsvitamin und außerdem für die Sehfunktion wichtig. Hauptlieferanten sind Butter, Milch, Karotten und Leber.
Vitamin D
ist für die Knochenbildung unerlässlich.
Hauptlieferanten sind Seefische, Eigelb, Butter und Milchprodukte.
Vitamin E
regelt den Fettstoffwechsel und schützt die Zellwände. Hauptlieferanten sind Pflanzenöle, Butter, Milch, Haferflocken, Haselnüsse, frisches Gemüse und Salate.

Vitamin K
steuert die Blutgerinnung. Es kommt hauptsächlich vor in Fleisch, Fisch, Vollkornprodukten, Wirsing und Spinat.

Vitamin B_1
sichert den vollständigen Zuckerabbau in den Zellen. Wichtig auch für Herz, Nerven und Darm. Hauptlieferanten sind Hülsenfrüchte, Schweinefleisch, Nüsse und Vollkornprodukte.

Vitamin B_2
schützt die Haut und wirkt mit am Aufbau der roten Blutkörperchen. Es ist reichlich enthalten in Bierhefe, Blumenkohl, Milch, Milchprodukten und allen Arten von Nüssen.

Vitamin B_6
spielt ebenfalls bei der Blutbildung eine Rolle, darüber hinaus jedoch auch beim Eiweißstoffwechsel. Hauptlieferanten sind hier Vollkornerzeugnisse, Gemüse, Fisch, Reis und Milch.

Vitamin B_{12}
ist wichtig für die Blutbildung und das Zellwachstum. Hauptlieferanten sind Milch, Milchprodukte, Eier, Fleisch und Innereien.

Vitamin C
ist wahrscheinlich das bekannteste Vitamin, das unerlässlich ist zum Schutz vor Infektionskrankheiten. Es ist in allen Obst- und Gemüsearten vorhanden, speziell in Sanddorn oder Zitrusfrüchten.

Folsäure
ist wichtig für den Stoffwechsel. Besonders reichlich ist sie in Innereien und grünem Salat enthalten.

Niacin
steuert die normale Funktion des Nervensystems und der Haut. Hauptlieferanten sind Fleisch, Hülsenfrüchte, Vollkornprodukte und Gemüse.

Mineralstoffe

Mineralstoffe sind eine weitere Nährstoffgruppe, die reichlich in unserer Ernährung vorkommen sollte. Mineralstoffe braucht der Organismus, um seine wesentlichen Stoffwechselfunktionen, die Blutbildung und den Wasserhaushalt steuern zu können. Durch Stress und Krankheit, aber auch durch Schwitzen bei der Arbeit und beim Sport verliert der Mensch Mineralstoffe. Die wichtigsten Mineralstoffe sind:

Kalzium
ist wichtig für Knochen, Zähne und Blut. Hauptlieferanten sind Milch, Milchprodukte und Vollkornerzeugnisse.

Natrium
reguliert im Zusammenspiel mit Kalium den Wasserhaushalt des Körpergewebes. Es ist praktisch in allen Nahrungsmitteln enthalten.

Kalium
kommt fast in allen Lebensmitteln in ausreichender Menge vor, vor allem aber in Obst, Gemüse und Kartoffeln.

Magnesium
ist wichtig für die Funktionen von Muskeln und Nerven. Zusammen mit Kalzium und Phosphor sorgt es für feste Zähne und Knochen. In allen Vollkornprodukten, in Fleisch, Fisch und Milch sind genügend Magnesium und Phosphor enthalten.

Eisen
ist am Bau der roten Blutkörperchen beteiligt. Besonders viel Eisen finden wir in Fleisch, Vollkornprodukten, Grüngemüse und Salaten.

Jod
spielt eine entscheidende Rolle für die Funktion der Schilddrüse. Seefisch, Milch oder Jodsalz sind Lieferanten dieses Minerals.

Fluorid
sorgt für die Härte in Knochen und Zähnen. Hauptquellen sind Seefisch, Getreideprodukte und Mineralwasser.

Zink
ist Bestandteil vieler Enzyme. Zinkmangel führt zu einer Schwächung des Immunsystems. Hauptlieferanten sind Leber, Vollkornprodukte, Hülsenfrüchte und Milch.

Kalorienarme Rezepte für die tägliche Küche

Feldsalat-Rahmsüppchen

Für 4 Personen:

1 Zwiebel
20 g Butter
30 g Grünkernschrot
750 ml Gemüsebrühe
Salz, Pfeffer aus der Mühle
1 Prise Muskat
1 Prise Cayennepfeffer
100 g Feldsalat
Salzwasser
100 ml Milch, fettarm

Außerdem:
4 Scheiben Toastbrot
20 g Kürbiskerne
Feldsalat zum Garnieren

1. Die Zwiebel schälen und in feine Würfel schneiden. Die Butter in einem Topf erhitzen und die Zwiebel darin glasig schwitzen.

2. Den Grünkernschrot dazugeben und kurz mitschwitzen. Mit der Gemüsebrühe auffüllen und zum Kochen bringen.

3. Die Suppe mit Salz, Pfeffer, Muskat und Cayennepfeffer kräftig abschmecken und bei mäßiger Hitze 10–12 Minuten köcheln lassen.

4. Den Feldsalat verlesen, waschen und im kochenden Salzwasser kurz blanchieren, herausnehmen, gut abtropfen lassen, mit 50 ml kaltem Wasser im Mixer oder mit dem Pürierstab pürieren.

5. Die Suppe auf zwei Hälften aufteilen. In die eine Hälfte den pürierten Feldsalat einrühren und erhitzen. In die andere Hälfte die Milch einrühren und ebenfalls erhitzen.

6. Die beiden Suppen mit etwas angerührter Speisestärke nach Bedarf leicht binden und nachwürzen.

7. Das Toastbrot in feine Würfel schneiden und in einer trockenen Pfanne kurz rösten.

8. Die beiden Suppen vorsichtig in Tellern anrichten, mit den gerösteten Brotwürfeln und den Kürbiskernen bestreuen, mit Feldsalat ausgarnieren und servieren.

Zubereitungszeit: 15–20 Minuten
Pro Portion: kcal 195, kJ 819

de Blancs

Griessblümchensuppe

Für 4 Personen:

250 ml Milch
100 g Hartweizengrieß
1 Prise Salz
1 Prise Muskat
Öl zum Bestreichen

Außerdem:
2 Karotten
1 Stück Sellerie
1 l gut gewürzte Rindfleisch- oder Geflügelbrühe
1 Zucchini
Salz, Pfeffer, je 1 Prise Muskat und Cayennepfeffer
1 Bund Schnittlauch

1. Die Milch in einem Topf zum Kochen bringen. Den Hartweizengrieß unter ständigem Rühren einrieseln lassen. Mit Salz und Muskat würzen und bei mäßiger Hitze 5–6 Minuten köcheln lassen.

2. Ein Backblech mit Öl bestreichen. Den Grießbrei etwa 1 1/2 cm dick darauf streichen und vollständig auskühlen lassen.

3. Die Karotten und den Sellerie schälen und kleine Kugeln ausstechen.

4. Die Rindfleisch- oder Geflügelbrühe in einem Topf erhitzen. Die Karotten- und Sellerieperlen darin bissfest garen.

5. Die Zucchini putzen, waschen, kleine Kugeln ausstechen und in der Suppe garen.

6. Die Suppe mit Salz, Pfeffer, Muskat und Cayennepfeffer kräftig abschmecken. Aus dem Grießbrei Blüten ausstechen und in tiefe Teller legen.

7. Die heiße Suppe über die Grießblümchen gießen, mit frisch geschnittenem Schnittlauch bestreuen, ausgarnieren und servieren.

Zubereitungszeit: 20–25 Minuten
Pro Portion: kcal 145, kJ 610

Spinatsuppe mit Gorgonzola und Pinienkernen

Für 4 Personen:

1 Zwiebel
2 Knoblauchzehen
1–2 EL Butter
500 ml Gemüse- oder Fleischbrühe
450 g Blattspinat (TK-Produkt)
100 ml süße Sahne
Speisestärke zum Binden
Salz, Pfeffer aus der Mühle
1 Prise Muskat
1 Prise Cayennepfeffer

Außerdem:
75 g Gorgonzola
2 Tomaten
30 g Pinienkerne
Kräuterzweige zum Garnieren

1. Die Zwiebel und die Knoblauchzehen schälen und fein würfeln. Die Butter in einem Topf erhitzen, Zwiebel und Knoblauch darin glasig schwitzen.

2. Die Brühe angießen, zum Kochen bringen, den aufgetauten Spinat in die Suppe geben und einmal aufkochen lassen.

3. Die Sahne einrühren, aufkochen lassen und mit etwas angerührter Speisestärke leicht binden.

4. Die Spinatsuppe mit Salz, Pfeffer, Muskat und Cayennepfeffer kräftig abschmecken.

5. Den Gorgonzola in feine Würfel schneiden. Die Tomaten waschen, halbieren, den Strunk herausschneiden und entkernen. Die Tomaten in feine Würfel schneiden.

6. Die Pinienkerne in einer trockenen Pfanne kurz rösten. Mit dem Gorgonzola und den Tomatenwürfeln vermischen.

7. Die Spinatsuppe dekorativ anrichten, die Gorgonzolamischung darauf verteilen, mit Kräuterzweigen ausgarnieren und servieren.

Zubereitungszeit: 15–20 Minuten
Pro Portion: kcal 250, kJ 1050

Klare Kartoffel-Lauchsuppe

Für 4 Personen:

600 g Kartoffeln
1 Zwiebel
2–3 EL Butter
1 Stange Lauch
1 l Gemüse- oder Fleischbrühe
1–2 Lorbeerblätter
Salz, Pfeffer aus der Mühle
1 Prise Muskat
1 Prise Cayennepfeffer
1/2 Bund frischer Majoran
1/2 Bund Schnittlauch
1–2 Zwiebeln
2–3 EL Butter
Kräuterzweige zum Garnieren

1. Die Kartoffeln schälen, waschen und in Würfel schneiden. Die Zwiebel schälen und fein würfeln.

2. Die Butter in einem Topf erhitzen, die Zwiebel darin glasig schwitzen. Die Kartoffeln dazugeben und kurz mitschwitzen.

3. Den Lauch putzen, waschen und in Scheiben schneiden. Zu den Kartoffeln geben und kurz mitschwitzen.

4. Die Gemüse- oder Fleischbrühe angießen und zum Kochen bringen. Die Lorbeerblätter dazugeben, mit Salz, Pfeffer, Muskat und Cayennepfeffer kräftig würzen und bei mäßiger Hitze 15–18 Minuten köcheln lassen.

5. Nach Ende der Garzeit die Lorbeerblätter herausnehmen, den Majoran verlesen, waschen, zerpflücken und mit dem fein geschnittenen Schnittlauch unter die Suppe mischen.

6. Die Zwiebeln schälen und in feine Scheiben schneiden. Die Butter in einer Pfanne erhitzen und die Zwiebeln darin goldgelb rösten.

7. Die Kartoffel-Lauchsuppe nachwürzen, dekorativ anrichten, mit den Röstzwiebeln bestreuen, ausgarnieren und servieren.

Zubereitungszeit: 20–25 Minuten
Pro Portion: kcal 230, kJ 965

(ohne Abbildung)

Möhrensalat mit Frühlingszwiebeln

Für 4 Personen:

800 g Möhren
150 ml Gemüsebrühe
100 ml Weißwein
1 EL Butter
2–3 Knoblauchzehen
1 Zwiebel
3–4 Frühlingszwiebeln
50 ml Apfelessig
Salz, Pfeffer aus der Mühle
1 Prise Cayennepfeffer
1 TL Kreuzkümmelpulver
1 Prise Muskat
einige Tropfen Olivenöl
Basilikum zum Garnieren

1. Die Möhren schälen, waschen und in Scheiben schneiden.

2. Die Gemüsebrühe mit dem Weißwein in einem Topf zum Kochen bringen.

3. Die Möhren dazugeben und bei mäßiger Hitze 10–12 Minuten dünsten.

4. Die Butter in einer Pfanne erhitzen. Die Knoblauchzehen und die Zwiebel schälen, fein würfeln, ins Fett geben und glasig schwitzen.

5. Die Frühlingszwiebeln putzen, waschen, in Scheiben schneiden, zu den Knoblauchzwiebeln geben und kurz mitschwitzen.

6. Die Möhren mit dem Sud dazugeben und einmal aufkochen lassen. Mit Apfelessig, Salz, Pfeffer, Cayennepfeffer, Kreuzkümmel und Muskat kräftig würzen.

7. Den Möhrensalat vom Feuer nehmen und leicht erkalten lassen. Das Olivenöl dazugeben, den Salat nachwürzen, dekorativ anrichten, mit Basilikum ausgarnieren und servieren.

Zubereitungszeit: 20–25 Minuten
Pro Portion: kcal 190, kJ 800

Erdbeer-Spargelsalat

Für 4 Personen:

300 g weißer Spargel
300 g grüner Spargel
Salzwasser oder Gemüsebrühe zum Garen
1/4 Zitrone
2 Salatherzen
200 g frische Erdbeeren
2 Blutorangen
100 ml heißer Spargelfond
1–2 EL Birnendicksaft
Saft von 1 Blutorange
50 ml Himbeeressig
Salz, Pfeffer aus der Mühle
1 Prise Cayennepfeffer
einige Tropfen Olivenöl
Kräuterzweige zum Garnieren

1. Den grünen und weißen Spargel dünn schälen, die Enden abschneiden. Salzwasser oder Gemüsebrühe mit dem Zitronenviertel in einem Topf zum Kochen bringen.

2. Den Spargel darin bei mäßiger Hitze sortenweise bissfest garen, herausnehmen und abtropfen lassen.

3. Die Salatherzen verlesen, waschen, gut abtropfen lassen, in mundgerechte Stücke zerpflücken.

4. Die Erdbeeren verlesen, waschen, halbieren, vierteln oder in Scheiben schneiden.

5. Die Blutorangen großzügig schälen und filieren.

6. Spargel, Salatherzen, Erdbeeren und Orangenfilets dekorativ anrichten.

7. Für das Dressing 100 ml heißen Spargelfond mit dem Birnendicksaft verrühren, bis sich der Birnendicksaft vollständig aufgelöst hat.

8. Den Blutorangensaft und den Himbeeressig dazugeben. Mit Salz, Pfeffer und Cayennepfeffer würzen.

9. Das Olivenöl einrühren, den Salat mit dem Dressing anmachen, mit Kräuterzweigen ausgarnieren und sofort servieren.

Zubereitungszeit: 30–35 Minuten
Pro Portion: kcal 180, kJ 756

Rote Bete mit Brokkoli und heller Sauce

Für 4 Personen:

600 g Rote Bete
100 ml Gemüsebrühe
Salz, Pfeffer aus der Mühle
600 g Brokkoliröschen
Salzwasser oder Gemüsebrühe

Für die Sauce:
1 EL Butter, 1 Zwiebel
1 Knoblauchzehe
200 ml Gemüsebrühe
200 ml Milch, fettarm
Speisestärke zum Binden
1/2 Bund frischer Majoran
einige Tropfen Zitronensaft
einige Tropfen Worcestersauce
25 g Mandelblättchen
frische Majoranblättchen zum Garnieren

1. Die Rote Bete unter fließendem Wasser waschen, schälen und in hauchdünne Scheiben schneiden.

2. Die Gemüsebrühe in einem Topf erhitzen, die Rote-Bete-Scheiben dazugeben, mit Salz und Pfeffer abschmecken und die Rote Bete bissfest dünsten.

3. Die Brokkoliröschen verlesen, waschen, gut abtropfen lassen, in mundgerechte Stücke schneiden. Salzwasser oder Gemüsebrühe in einem Topf zum Kochen bringen und den Brokkoli darin bissfest garen.

4. Die Butter in einer Pfanne erhitzen. Die Zwiebel und die Knoblauchzehe schälen, fein würfeln, ins Fett geben und glasig schwitzen.

5. Die Gemüsebrühe und die Milch angießen und bei starker Hitze kurz einreduzieren lassen. Mit etwas angerührter Speisestärke binden.

6. Den verlesenen, gewaschenen und fein geschnittenen Majoran unter die Sauce rühren. Mit Salz, Pfeffer, Zitronensaft und Worcestersauce abschmecken.

7. Die Rote-Bete-Scheiben und die Brokkoliröschen dekorativ anrichten, mit der hellen Sauce überziehen, mit Mandelblättchen bestreuen, mit frischen Majoranblättchen ausgarnieren und sofort servieren.

Zubereitungszeit: 20–25 Minuten
Pro Portion: kcal 230, kJ 970

Auberginen mit Couscousfüllung

Für 4 Personen:

200 g Couscous (grober Weizengrieß)
300 ml Gemüsebrühe
2 große Auberginen
Saft von 1 Zitrone
1 EL Olivenöl, 1 Zwiebel
2 Knoblauchzehen
250 g frische Shiitake-Pilze
4–5 Tomaten, 100 g Schafskäse
Salz, Pfeffer aus der Mühle

Außerdem:
500 g passierte Tomaten
100 ml Gemüsebrühe
1 TL gemahlener Kümmel
1 TL gemahlener Anis
1 EL Curry
Kräuterzweige zum Garnieren

1. Den Couscous unter fließendem Wasser waschen, gut abtropfen lassen. Die Gemüsebrühe in einem Topf zum Kochen bringen, den Couscous einrühren und einmal aufkochen lassen. Vom Feuer nehmen und 20 Minuten ziehen lassen.

2. Die Auberginen halbieren, das Fruchtfleisch mit einem Teelöffel herausschaben und fein würfeln, mit Zitronensaft beträufeln.

3. Das Olivenöl in einer Pfanne erhitzen. Die Zwiebel und die Knoblauchzehen schälen, fein würfeln, ins Fett geben und glasig schwitzen. Die Auberginenwürfel dazugeben und kurz braten.

4. Die Shiitake-Pilze verlesen, waschen, klein schneiden, zu den Auberginen geben und kurz mitbraten.

5. Die Tomaten enthäuten, entkernen, würfeln und untermischen. Vom Feuer nehmen, leicht erkalten lassen. Den gewürfelten Schafskäse untermischen, mit Salz und Pfeffer würzen. Den Couscous zur Gemüsemischung geben, nachwürzen und das Ganze in die Auberginenhälften füllen.

6. Die Auberginen in eine Auflaufform setzen. Die passierten Tomaten mit der Gemüsebrühe verrühren, mit Kümmel, Anis und Curry würzen, gleichmäßig über den Auberginen verteilen und im auf 180–200 °C vorgeheizten Ofen 25–30 Minuten garen. Nach Ende der Garzeit die Auberginen dekorativ anrichten, mit Kräutern ausgarnieren und servieren.

Zubereitungszeit: 60–65 Minuten
Pro Portion: kcal 320, kJ 1345

Grünkohlklösschen mit Tomatensauce

Für 4 Personen:

5 altbackene Brötchen
100 ml heiße Milch
3 Eier
Salz, Pfeffer aus der Mühle
1 Prise Muskat
50 g geriebener Gouda
1 EL Butter
1 Zwiebel
200 g Grünkohl (TK-Produkt)
Semmelbrösel zum Binden
Salzwasser oder Gemüsebrühe zum Garen

Für die Tomatensauce:
1 Zwiebel
500 g Pizzatomaten
Kräuterzweige zum Garnieren

1. Die Brötchen in Stücke schneiden und in eine Schüssel geben. Die heiße Milch angießen und 10 Minuten ziehen lassen.

2. Die Eier untermischen und alles zu einer glatten Masse verarbeiten. Mit Salz, Pfeffer und Muskat würzen und den geriebenen Gouda einrühren.

3. Die Butter in einem Topf erhitzen. Die Zwiebel schälen und fein würfeln, ins Fett geben und glasig schwitzen.

4. Den Grünkohl hacken und zur Zwiebel geben. Bei mäßiger Hitze 10–12 Minuten dünsten. Vom Feuer nehmen, leicht erkalten lassen und unter die Brötchenmasse arbeiten. Nachwürzen und mit Semmelbröseln nach Bedarf binden.

5. Die Masse zu Klößchen formen und in kochendem Salzwasser oder Gemüsebrühe bei mäßiger Hitze in 8–10 Minuten gar ziehen lassen.

6. Für die Tomatensauce die Zwiebel schälen und fein würfeln, mit den Pizzatomaten in einen Topf geben und einmal aufkochen lassen. Mit Salz, Pfeffer und Muskat abrunden.

7. Die Grünkohlklößchen mit der Tomatensauce dekorativ anrichten, mit Kräuterzweigen ausgarnieren und mit Zuckermais servieren.

Zubereitungszeit: 35–40 Minuten
Pro Portion: kcal 350, kJ 1470

Kartoffelomeletts mit Spargel

Für 4 Personen:

500 g weißer Spargel
300 g Zucchini
1 Bund Frühlingszwiebeln
Salzwasser oder Gemüsebrühe
zum Garen, 1/2 Zitrone

Für die Omeletts:
20 g gekochter Schinken
1 Zwiebel
350 g gekochte Kartoffeln
2 Eigelb, 200 ml heiße Milch
1/2 Bund gehackte Petersilie
2–3 EL Mehl
Salz, Pfeffer aus der Mühle
Muskat, Cayennepfeffer
2 Eiweiß
Butterschmalz zum Ausbacken

Für das Gemüse:
1 Zwiebel, 200 ml Spargelfond
100 ml süße Sahne
200 ml Milch, fettarm
200 ml Gemüsebrühe
Speisestärke zum Binden
einige Tropfen Worcestersauce
einige Tropfen Zitronensaft
50 g dünn geschnittener, roher Schinken
Liebstöckel, Frühlingszwiebelröllchen und Kräuterzweige zum Garnieren

1. Den Spargel dünn schälen, die unteren Enden abschneiden. Den Spargel waschen und in grobe Stücke schneiden.

2. Die Zucchini putzen, waschen und in mundgerechte Stücke schneiden. Die Frühlingszwiebeln putzen, waschen und in Stücke schneiden.

3. Das Salzwasser oder die Gemüsebrühe mit der Zitronenhälfte in einem Topf zum Kochen bringen. Das Gemüse darin sortenweise bissfest garen, herausnehmen, gut abtropfen lassen und warm stellen.

4. Für die Omeletts den Schinken in feine Würfel schneiden, in eine Pfanne geben und anschwitzen. Die geschälte, fein gehackte Zwiebel hinzufügen, kurz mitschwitzen, vom Feuer nehmen und in eine Schüssel geben.

5. Die Kartoffeln noch heiß pellen, grob raspeln, mit den Eigelben und der Milch, der Petersilie und dem Mehl in eine Schüssel geben und zu einem glatten Teig verarbeiten.

6. Den Omelettteig mit Salz, Pfeffer, Muskat und Cayennepfeffer kräftig abschmecken und zum Schluss die steif geschlagenen Eiweiße unterziehen.

7. Wenig Butterschmalz in einer beschichteten Pfanne erhitzen, den Kartoffelteig portionsweise einfüllen, glatt streichen und auf beiden Seiten goldgelb ausbacken.

8. Für das Gemüse die Zwiebel schälen, fein würfeln, mit dem Spargelfond, der Sahne, der Milch und der Gemüsebrühe in einem Topf zum Kochen bringen. Mit etwas angerührter Speisestärke leicht binden, das Gemüse dazugeben und erhitzen.

9. Mit Salz, Pfeffer, Muskat, Cayennepfeffer, Worcestersauce und Zitronensaft abrunden.

10. Die Kartoffelomeletts auf einen Teller geben. Das Gemüse darauf legen, die Omeletts zusammenklappen, den in Scheiben geschnittenen rohen Schinken dekorativ dazulegen. Mit Liebstöckel, Frühlingszwiebelröllchen und Kräuterzweigen ausgarnieren und servieren.

Zubereitungszeit: 45–50 Minuten
Pro Portion: kcal 350, kJ 1470

Chinakohl mit Grünkernkruste

Für 4 Personen:

1 Kopf Chinakohl
Salzwasser oder Gemüsebrühe zum Blanchieren
150 g bissfest gegarter Grünkern
2 Eier
1/2 Bund gehacktes Basilikum
1/2 Bund gehackte Petersilie
1 Zwiebel
2 Knoblauchzehen
Semmelbrösel zum Binden
Salz, Pfeffer aus der Mühle
Muskat
Cayennepfeffer

Für die Sauce:
200 ml Gemüsebrühe
200 ml Milch, fettarm
100 g Edelpilzkäse
1 Prise Zucker
Speisestärke zum Binden
bissfest gegarte Karotten, Frühlingszwiebelstückchen, Basilikum und Edelpilzkäsewürfel zum Garnieren

1. Den Chinakohl putzen, halbieren, den Strunk herausschneiden. In kochendem Salzwasser oder Gemüsebrühe blanchieren, herausnehmen, gut abtropfen lassen und auf ein Backblech setzen.

2. Den Grünkern mit den Eiern und den Kräutern in eine Schüssel geben.

3. Die Zwiebel und die Knoblauchzehen schälen, fein hacken, dazugeben und die Masse mit Semmelbröseln leicht binden.

4. Mit Salz, Pfeffer, Muskat und Cayennepfeffer würzen, gleichmäßig auf den Chinakohl streichen und im auf 180–200 °C vorgeheizten Backofen 10–15 Minuten garen.

5. Für die Sauce die Gemüsebrühe mit der Milch in einem Topf zum Kochen bringen. Den klein geschnittenen Edelpilzkäse dazugeben und vollständig auflösen lassen.

6. Die Sauce mit Salz, Pfeffer, Muskat, Cayennepfeffer und Zucker abschmecken und mit etwas angerührter Speisestärke leicht binden.

7. Den Chinakohl mit Grünkernkruste dekorativ anrichten, die Sauce angießen, mit bissfest gegarten Karotten, Frühlingszwiebelstückchen und Basilikum ausgarnieren. Mit Edelpilzkäsewürfeln bestreuen und servieren.

Zubereitungszeit: 35–40 Minuten
Pro Portion: kcal 350, kJ 1470

Spinat-Kürbisstrudel

Für 4 Personen:

Für den Teig:
175 g Mehl
1 EL Olivenöl
1 kleines Ei
50 ml Wasser
1 TL Salz

Für die Füllung:
200 g Blattspinat (TK-Produkt)
300 g Kürbisfleisch
1 Zwiebel
50 g Magerjogurt, 1 Ei
Semmelbrösel zum Binden
30 g Kürbiskerne
25 g Pinienkerne
Salz, Pfeffer aus der Mühle
1 Prise Muskat
1 Eigelb, etwas Wasser
1 EL Kürbiskerne
10 g Pinienkerne
Basilikum zum Garnieren

1. Das Mehl mit dem Olivenöl, dem Ei, dem Wasser und dem Salz auf einer bemehlten Arbeitsfläche zu einem glatten, kompakten Strudelteig verarbeiten.

2. Den Teig zugedeckt 30 Minuten ruhen lassen. Anschließend auf einer bemehlten Arbeitsfläche hauchdünn ausrollen.

3. Für die Füllung den aufgetauten Blattspinat gut ausdrücken, fein hacken und in eine Schüssel geben.

4. Das Kürbisfleisch in feine Würfel schneiden. Die Zwiebel schälen und fein würfeln.

5. Die Zwiebelwürfel in einer beschichteten Pfanne ohne Fett anschwitzen. Die Kürbiswürfel untermischen, kurz durchschwenken und zum Spinat geben.

6. Den Magerjogurt und das Ei untermischen, die Masse mit Semmelbröseln leicht binden.

7. Die Kürbiskerne und die Pinienkerne dazugeben, mit Salz, Pfeffer und Muskat würzen und die Masse gleichmäßig auf dem Strudelteig verteilen.

8. Das Ganze zu einem Strudel zusammenrollen. Das Eigelb mit etwas Wasser verrühren, den Strudel damit bestreichen, mit den Kürbis- und Pinienkernen bestreuen.

9. Den Strudel auf ein ausgefettetes Backblech setzen und im auf 170–180 °C vorgeheizten Backofen 25–30 Minuten garen.

10. Nach Ende der Garzeit den Spinat-Kürbisstrudel herausnehmen, in dicke Scheiben schneiden, dekorativ anrichten, mit Basilikum ausgarnieren und mit einem bunten Tomatensalat servieren.

Zubereitungszeit ohne Wartezeit: 40–45 Minuten
Pro Portion: kcal 345, kJ 1450

Paprika mit Mais-Käsefüllung

Für 4 Personen:

4 große gelbe Paprikaschoten

Für die Füllung:
3 Schalotten
2 Tomaten
Salz, Pfeffer aus der Mühle
150 g Mais
75 g Fetakäse
100 g Magerjogurt
100 g Semmelbrösel
1/2 Bund Petersilie
1/2 Bund Frühlingszwiebeln

Außerdem:
100 ml Gemüsebrühe
500 ml Tomatensauce (Fertigprodukt)
3 Tomaten
2 Frühlingszwiebeln
1/2 Bund Salbei
Tomatenecken und Basilikum zum Garnieren

1. Von den Paprikaschoten eine Haube abschneiden. Die Paprikaschoten entkernen, waschen und gut abtropfen lassen.

2. Die Schalotten schälen, in feine Würfel schneiden, die Tomaten enthäuten, entkernen, in Würfel schneiden, in eine Schüssel geben, mit Salz und Pfeffer würzen.

3. Den Mais gut abtropfen lassen. Mit dem in feine Würfel geschnittenen Fetakäse, dem Magerjogurt, den Semmelbröseln und der verlesenen, gewaschenen und fein gehackten Petersilie zum Tomatengemüse geben.

4. Die Frühlingszwiebeln putzen, waschen, in feine Scheiben schneiden, dazugeben und das Ganze zu einer glatten Masse verarbeiten. Mit Salz und Pfeffer würzen.

5. Die Masse gleichmäßig in die Paprikaschoten füllen, den Deckel darauf legen und die Paprikaschoten in einen Bräter setzen.

6. Die Gemüsebrühe und die Tomatensauce angießen. Das Ganze im auf 180-200 °C vorgeheizten Backofen 25-30 Minuten garen.

7. Die Tomaten enthäuten und in Stücke schneiden, die Frühlingszwiebeln putzen, waschen und in 1 cm dicke Scheiben schneiden. Mit den verlesenen, gewaschenen Salbeiblättern 10 Minuten vor Garende in die Sauce geben und fertig garen.

8. Die gefüllten Paprikaschoten dekorativ anrichten, die Sauce mit Salz und Pfeffer nachwürzen, zu den Paprikaschoten geben. Mit Tomatenecken und Basilikum ausgarnieren und sofort servieren.

Zubereitungszeit: 45-50 Minuten
Pro Portion: kcal 345, kJ 1450

FINE CERAMICS

Zucchininudeln

Für 4 Personen:

300 g breite Bandnudeln
Salzwasser, 2 Zucchini
Gemüsebrühe zum Blanchieren

Für die Sauce:
250 ml Gemüsebrühe
100 ml Milch, fettarm
1 Zwiebel, 1 Zucchini
je 1–2 Zweige Thymian und Oregano
75 g Doppelrahmfrischkäse
Speisestärke zum Binden
Salz, Pfeffer aus der Mühle
1 Prise Cayennepfeffer

Außerdem:
1 TL Olivenöl, 2 Tomaten
Kräuterzweige zum Garnieren

1. Die Bandnudeln im Salzwasser bissfest garen, abgießen, abschrecken und gut abtropfen lassen.

2. Die Zucchini putzen, waschen und in lange dünne, breite Streifen schneiden. Die Gemüsebrühe in einem Topf erhitzen und die Zucchinistreifen darin kurz blanchieren, herausnehmen, gut abtropfen lassen und warm stellen.

3. Für die Sauce die Gemüsebrühe und die Milch in einem Topf zum Kochen bringen.

4. Die Zwiebel und die Zucchini putzen und in kleine Würfel schneiden. Das Gemüse dazugeben und 4–5 Minuten köcheln lassen. Die Kräuter verlesen, waschen, klein scheiden und unter das Gemüse heben.

5. Den Doppelrahmfrischkäse einrühren, erhitzen, mit etwas angerührter Speisestärke leicht binden.

6. Die Sauce mit Salz, Pfeffer und Cayennepfeffer abschmecken.

7. Die Bandnudeln im heißen Olivenöl erhitzen, mit den Zucchinistreifen dekorativ anrichten, mit der Sauce überziehen, mit den in kleine Würfel geschnittenen Tomaten bestreuen, mit Kräuterzweigen ausgarnieren und servieren.

Zubereitungszeit: 20–25 Minuten
Pro Portion: kcal 350, kJ 1470

Currynudeln

Für 4 Personen:

200 g Penne rigate
Salzwasser

Außerdem:
300 g Hähnchenbrustfilets
Salz, Pfeffer aus der Mühle
2 EL Olivenöl
1 Zwiebel
1 rote Paprikaschote
1 Zucchini
1–2 EL Curry
200 ml Milch, fettarm
1 Prise Cayennepfeffer
Kräuterzweige zum Garnieren

1. Die Penne rigate im Salzwasser bissfest garen, abgießen, abschrecken und gut abtropfen lassen.

2. Die Hähnchenbrustfilets unter fließendem Wasser waschen, trockentupfen, in mundgerechte Würfel oder Streifen schneiden. Mit Salz und Pfeffer kräftig würzen.

3. Das Olivenöl in einer Pfanne erhitzen und die Hähnchenwürfel darin unter ständigem Rühren braten. Die Zwiebel schälen und fein würfeln, zum Fleisch geben und mitbraten.

4. Die Paprikaschote halbieren, entkernen, waschen, gut abtropfen lassen, in Streifen schneiden, zum Fleisch geben und kurz mitbraten.

5. Die Zucchini putzen, waschen und in mundgerechte Stücke schneiden, in die Pfanne geben und mitschwitzen. Mit Curry bestäuben und mit der Milch aufgießen.

6. Bei mäßiger Hitze 6–8 Minuten köcheln lassen.

7. Die Nudeln unter das Gemüse heben, durchschwenken, erhitzen, mit Salz, Pfeffer und Cayennepfeffer abschmecken.

8. Die Currynudeln dekorativ anrichten, mit Kräuterzweigen ausgarnieren und sofort servieren.

Zubereitungszeit: 20–25 Minuten
Pro Portion: kcal 340, kJ 1430

Farfalle mit Zuckerschoten und Pinienkernen

Für 4 Personen:

250 g Farfalle
Salzwasser

Außerdem:
200 g Brokkoliröschen
150 g Zuckererbsenschoten
Gemüsebrühe zum Blanchieren
2 EL Olivenöl
100 g gekochter Schinken
1 Zwiebel
2 Knoblauchzehen
150 g Austernpilze
100 ml Weißwein
200 ml Gemüsebrühe
200 ml Milch, fettarm
Salz, Pfeffer aus der Mühle
1 Prise Cayennepfeffer
Speisestärke zum Binden
50 g eingelegte, getrocknete Tomaten
10 g geröstete Pinienkerne
Kräuterzweige zum Garnieren

1. Die Farfalle im Salzwasser bissfest garen, abgießen, abschrecken und gut abtropfen lassen.

2. Die Brokkoliröschen verlesen, waschen, gut abtropfen lassen. Die Zuckererbsenschoten putzen, waschen und nach Bedarf klein schneiden.

3. Die Gemüsebrühe in einem Topf erhitzen und das Gemüse darin sortenweise bissfest garen, herausnehmen und gut abtropfen lassen.

4. Für die Sauce das Olivenöl in einer Pfanne erhitzen. Den in feine Würfel geschnittenen Schinken darin anbraten.

5. Die Zwiebel und die Knoblauchzehen schälen, fein würfeln, zum Speck geben und kurz mitbraten.

6. Die Austernpilze putzen, waschen, zum Speck geben und braten.

7. Den Weißwein, die Gemüsebrühe und die Milch angießen, zum Kochen bringen, mit Salz, Pfeffer und Cayennepfeffer abschmecken und mit etwas angerührter Speisestärke leicht binden.

8. Die Nudeln, den Brokkoli, die Zuckererbsenschoten und die klein geschnittenen, eingelegten Tomaten dazugeben und einmal aufkochen lassen.

9. Das Ganze kräftig nachwürzen, dekorativ anrichten, mit den gerösteten Pinienkernen bestreuen, mit Kräuterzweigen ausgarnieren und sofort servieren.

Zubereitungszeit: 20–25 Minuten
Pro Portion: kcal 340, kJ 1430

PENNE RIGATE MIT CREVETTEN

FÜR 4 PERSONEN:

300 g Penne rigate
Salzwasser

Außerdem:
2–3 EL Olivenöl
1 Zwiebel
2–3 Knoblauchzehen
1 rote Paprikaschote
1 rote Chilischote
200 g Zuckerschoten
250 g geschälte Krabben oder Crevetten
Saft von 1 Zitrone
250 ml Gemüsebrühe
100 ml Milch, fettarm
1 EL Curry
Salz, Pfeffer aus der Mühle
1 Prise Cayennepfeffer
1/2 Bund Basilikum
Feldsalat zum Garnieren

1. Die Penne rigate im Salzwasser bissfest garen, abgießen, abschrecken und gut abtropfen lassen.

2. Das Olivenöl in einer Pfanne erhitzen. Die Zwiebel und die Knoblauchzehen schälen, fein würfeln, ins Öl geben und glasig schwitzen.

3. Die Paprikaschote und die Chilischote halbieren, entkernen, waschen, in feine Würfel oder Streifen schneiden, zu den Knoblauchzwiebeln geben und kurz mitschwitzen.

4. Die Zuckerschoten putzen, nach Bedarf in Stücke schneiden, zum Gemüse geben und mitdünsten.

5. Die Krabben oder Crevetten unter fließendem Wasser waschen, gut abtropfen lassen, mit Zitronensaft beträufeln, zum Gemüse geben und 4–5 Minuten dünsten.

6. Die Gemüsebrühe und die Milch angießen und das Ganze bei starker Hitze kurz einreduzieren lassen.

7. Die Sauce mit Curry, Salz, Pfeffer und Cayennepfeffer kräftig abschmecken. Zum Schluss das verlesene, gewaschene und fein geschnittene Basilikum untermischen.

8. Die Nudeln dazugeben, durchschwenken, erhitzen, nochmals abschmecken, dekorativ anrichten, mit Feldsalat ausgarnieren und sofort servieren.

Zubereitungszeit: 30–35 Minuten
Pro Portion: kcal 335, kJ 1410

Gefüllte Kalbskoteletts

Für 4 Personen:

4 Kalbskoteletts à 200 g
Salz, Pfeffer aus der Mühle
100 g Sellerie, 1 Zwiebel
1 TL Butter, 25 g Walnusskerne
1 kleiner Apfel
Saft von 1/2 Zitrone
30 g Rosinen, 1 Ei
Semmelbrösel zum Binden
1 Prise Cayennepfeffer
einige Tropfen Aceto balsamico
2–3 frische Salbeiblätter
1 EL Butterschmalz, 1 Zwiebel
1 säuerlicher Apfel
1 rote Chilischote
100 ml Rotwein, 100 ml Apfelsaft
300 ml Gemüsebrühe
Speisestärke zum Binden
Rosmarinzweige zum Garnieren

1. Die Kalbskoteletts waschen, trockentupfen, klopfen und von der Seite her eine Tasche einschneiden. Mit Salz und Pfeffer kräftig würzen.

2. Den Sellerie und die Zwiebel schälen und würfeln. Die Butter erhitzen und die Sellerie- und Zwiebelwürfel darin glasig dünsten.

3. Die gehackten Walnusskerne und den geschälten, entkernten und in feine Würfel geschnittenen Apfel dazugeben. Mit Zitronensaft beträufeln und kurz dünsten. Die Rosinen einrühren, durchschwenken, vom Feuer nehmen, leicht erkalten lassen und das Ei untermischen.

4. Die Masse mit Semmelbröseln binden, mit Salz, Pfeffer, Cayennepfeffer und Aceto balsamico würzen. Die gehackten Salbeiblätter untermischen und in die Kalbskoteletts füllen, mit Küchenschnur binden.

5. Das Schmalz in einem Bräter erhitzen und die gefüllten Koteletts darin Farbe nehmen lassen. Die Zwiebel schälen und würfeln. Den Apfel schälen, entkernen und würfeln. Die Chilischote entkernen und klein schneiden. Alles zu den Koteletts geben und kurz mitschwitzen.

6. Mit etwas Rotwein beträufeln und im auf 180–200 °C vorgeheizten Backofen 15–20 Minuten garen. Die fertigen Koteletts herausnehmen und warm stellen. Den restlichen Rotwein, den Apfelsaft und die Gemüsebrühe angießen und kräftig einreduzieren lassen.

7. Die Sauce mit Speisestärke binden, mit den Koteletts anrichten, mit Rosmarin ausgarnieren und mit Gurkengemüse servieren.

Zubereitungszeit: 30–35 Minuten
Pro Portion: kcal 330, kJ 1385

Hähnchenbrust mit Kräuter-Duxelles

Für 4 Personen:

250 g frische Champignons
Saft von 1 Zitrone
1–2 EL Butter
1–2 Schalotten
75 g gemischte, frische Kräuter (Basilikum, Petersilie, Kresse)
50 ml süße Sahne
Salz, Pfeffer aus der Mühle
1 Prise Muskat
Cayennepfeffer
Semmelbrösel zum Binden

Außerdem:
4 Hähnchenbrustfilets à 150 g
1 EL Butterschmalz
Semmelbrösel zum Bestreuen
50 g Butterflöckchen
Basilikum zum Garnieren

1. Die Champignons verlesen, waschen, gut abtropfen lassen, grob raspeln. Mit Zitronensaft beträufeln und in eine Schüssel geben. Die Butter in einer Pfanne erhitzen. Die Schalotten schälen, fein würfeln, ins Fett geben und glasig schwitzen.

2. Die Champignons und die verlesenen, gewaschenen und fein gehackten Kräuter dazugeben, die Sahne angießen und das Ganze kurz, aber kräftig einreduzieren lassen.

3. Die Masse mit Salz, Pfeffer, Muskat und Cayennepfeffer würzen und mit Semmelbröseln leicht binden.

4. Die Hähnchenbrustfilets unter fließendem Wasser waschen, trockentupfen, mit Salz, Pfeffer und Cayennepfeffer kräftig würzen.

5. Das Schmalz in einer Pfanne erhitzen und die Filets darin rundherum anbraten, in eine ausgefettete Auflaufform setzen. Mit der Champignonmasse bestreichen und mit Semmelbröseln bestreuen. Butterflöckchen darauf verteilen und im auf 180–200 °C vorgeheizten Backofen 20–25 Minuten braten.

6. Nach Ende der Garzeit die Hähnchenbrustfilets mit Kräuter-Duxelles herausnehmen, in Scheiben schneiden, dekorativ anrichten, mit Basilikum ausgarnieren und mit Butterspagetti und Paprika-Zwiebelgemüse servieren.

Zubereitungszeit: 40–45 Minuten
Kcal 310, Kjoule 1300

Kalbsgeschnetzeltes mit Garnelen

Für 4 Personen:

500 g Kalbsfilet
1 EL Butterschmalz
Salz
Pfeffer aus der Mühle
1 Zwiebel
1 grüne Paprikaschote
250 g frische Champignons
100 ml Weißwein
200 ml Gemüsebrühe
100 ml Milch, fettarm
Speisestärke zum Binden
1 Prise Muskat
1 Prise Cayennepfeffer
einige Tropfen Zitronensaft
einige Tropfen Worcestersauce
150 g geschälte Garnelenschwänze
einige Tropfen Sherry medium
Kräuterzweige zum Garnieren

1. Das küchenfertige Kalbsfilet unter fließendem Wasser waschen, trockentupfen, in mundgerechte Scheiben oder Würfel schneiden.

2. Das Butterschmalz in einer Pfanne erhitzen, die Fleischstücke darin unter ständigem Rühren braten, salzen, pfeffern, herausnehmen und bereitstellen.

3. Die Zwiebel schälen, fein würfeln, ins verbliebene Bratfett geben und glasig schwitzen.

4. Die Paprikaschote halbieren, entkernen, waschen, gut abtropfen lassen, in feine Streifen schneiden, zur Zwiebel geben und kurz mitschwitzen.

5. Die Champignons putzen, waschen, in Scheiben schneiden, zum Gemüse geben und ebenfalls kurz mitschwitzen.

6. Mit Weißwein ablöschen, die Gemüsebrühe und die Milch angießen und das Ganze bei mäßiger Hitze 6–8 Minuten köcheln lassen.

7. Die Sauce mit etwas angerührter Speisestärke leicht binden, mit Salz, Pfeffer, Muskat, Cayennepfeffer, Zitronensaft und Worcestersauce abschmecken.

8. Das Fleisch mit den geschälten Garnelenschwänzen in die Sauce geben und erhitzen, aber nicht kochen lassen.

9. Das Kalbsgeschnetzelte mit Sherry medium aromatisieren, dekorativ anrichten, mit Kräuterzweigen ausgarnieren und sofort servieren.

Zubereitungszeit: 30–35 Minuten
Pro Portion: kcal 300, kJ 1260

Sellerie-Möhrenpfanne mit Filetscheiben

Für 4 Personen:

500 g küchenfertiges Schweinefilet
50 ml Sojasauce
2–3 EL Butterschmalz
2 rote Zwiebeln
2 Knoblauchzehen
2 Karotten
1 kleiner Staudensellerie (500 g)
1/2 Bund Frühlingszwiebeln
100 ml Weißwein
100 ml Gemüse- oder Fleischbrühe
Salz, Pfeffer aus der Mühle
1 Prise Muskat
1 TL Fünfgewürzpulver
1 Prise Zucker
Kräuterzweige zum Garnieren

1. Das küchenfertige Schweinefilet unter fließendem Wasser waschen, trockentupfen und in Scheiben schneiden. In eine Schüssel geben, mit der Sojasauce beträufeln und im Kühlschrank mindestens 1 Stunde ziehen lassen.

2. Das Butterschmalz in einer Pfanne erhitzen. Die Schweinefiletscheiben aus der Marinade nehmen und braten, herausnehmen und warm stellen.

3. Die Zwiebeln und die Knoblauchzehen schälen und fein hacken, ins Bratfett geben und glasig schwitzen.

4. Die Karotten schälen und in Stifte schneiden. Den Staudensellerie putzen, waschen, in Stücke schneiden, mit den Karotten zu den Knoblauchzwiebeln geben und mitdünsten.

5. Die Frühlingszwiebeln putzen, waschen, in mundgerechte Stücke schneiden, zum Gemüse geben und kurz mitdünsten.

6. Den Weißwein und die Gemüse- oder Fleischbrühe angießen, aufkochen lassen, mit Salz, Pfeffer, Muskat, Fünfgewürzpulver und Zucker abschmecken. Das Gemüse bissfest garen.

7. Die Fleischscheiben zum Gemüse geben, erhitzen, aber nicht kochen lassen. Mit Sojasauce abrunden, dekorativ anrichten, mit Kräuterzweigen ausgarnieren und mit Petersilienkartoffeln servieren.

Zubereitungszeit ohne Wartezeit: 25–30 Minuten
Pro Portion: kcal 330, kJ 1385

Zitronenschnitzel auf Tomaten-Auberginengemüse

Für 4 Personen:

4 Kalbsschnitzel à 150 g
Salz, Pfeffer aus der Mühle
Butterschmalz zum Braten
Saft von 1 Zitrone

Außerdem:
2 Zwiebeln
2 Knoblauchzehen
2–3 EL Butter
1 unbehandelte Zitrone
500 g Auberginen
250 g Kirschtomaten
je 2–3 Zweige Thymian, Rosmarin und Majoran
100 ml Weißwein
100 ml Gemüsebrühe
Saft von 1 Zitrone
Speisestärke zum Binden
Kräuterzweige und Zitronenscheiben zum Garnieren

1. Die Kalbsschnitzel unter fließendem Wasser waschen, trockentupfen, mit Salz und Pfeffer würzen und in Mehl wenden.

2. Das Butterschmalz in einer Pfanne erhitzen und die Schnitzel darin braten, herausnehmen, mit Zitronensaft beträufeln und warm stellen.

3. Die Zwiebeln und die Knoblauchzehen schälen und fein würfeln. Die Butter ins verbliebene Bratfett geben. Knoblauch und Zwiebeln dazugeben und kurz dünsten.

4. Die Zitrone unter fließendem Wasser waschen und in kleine Stückchen schneiden. Zu den Knoblauchzwiebeln geben und kurz dünsten.

5. Die Auberginen putzen, waschen, in mundgerechte Stücke schneiden, zum Zitronengemüse geben und 4–5 Minuten braten.

6. Die Kirschtomaten waschen, den Strunk herausschneiden, die Tomaten mit den verlesenen, gewaschenen und klein geschnittenen Kräutern zum Gemüse geben und kurz dünsten.

7. Den Weißwein, die Gemüsebrühe und den Zitronensaft angießen. Einmal aufkochen lassen und mit etwas angerührter Speisestärke leicht binden. Mit Salz und Pfeffer abrunden.

8. Die Zitronenschnitzel auf das Gemüse setzen, erwärmen, aber nicht kochen lassen, dekorativ anrichten, mit Kräuterzweigen und Zitronenscheiben ausgarnieren und servieren.

Zubereitungszeit: 25–30 Minuten
Pro Portion: kcal 350, kJ 1470

Kalbsbraten mit Oliven und Tomaten

Für 4 Personen:

700 g Kalbsbraten (z. B. falsches Filet)
Salz, Pfeffer aus der Mühle
1–2 EL Olivenöl
1 Zwiebel
2 Karotten
1 Stück Sellerie
400 ml Gemüse- oder Fleischbrühe
300 g Kirschtomaten
100 g entsteinte, grüne Oliven
2 Zweige Rosmarin
einige Zweige Basilikum
dunkler Saucenbinder zum Binden
Kräuterzweige zum Garnieren

1. Den küchenfertigen Kalbsbraten unter fließendem Wasser waschen, trockentupfen, mit Salz und Pfeffer kräftig würzen. Olivenöl in einer Pfanne erhitzen und den Braten darin rundherum Farbe nehmen lassen.

2. Die Zwiebel schälen und würfeln. Die Karotten und den Sellerie putzen, waschen, in feine Würfel schneiden, mit den Zwiebeln zum Fleisch geben und kurz mitbraten.

3. Den Braten mit dem Gemüse in einen gewässerten Römertopf geben. 200 ml Gemüsebrühe angießen, den Römertopf verschließen, in den kalten Backofen stellen.

4. Den Ofen auf 180–200 °C einstellen und das Ganze 20 Minuten erhitzen.

5. Anschließend den Backofen auf 160 °C zurückschalten und den Kalbsbraten in 60–70 Minuten garen.

6. In der Zwischenzeit die Kirschtomaten waschen und den Strunk herausschneiden. Die Oliven gut abtropfen lassen.

7. Die restliche Brühe, die Kirschtomaten, die Oliven, den Rosmarin und das Basilikum in einen Topf geben und einmal aufkochen lassen.

8. Nach Ende der Garzeit den Kalbsbraten aus dem Ofen nehmen. Die Sauce im Mixer oder mit dem Pürierstab pürieren, zu den Tomaten geben.

9. Die Tomaten-Olivensauce einmal aufkochen lassen und mit etwas dunklem Saucenbinder leicht binden.

10. Die Sauce mit Salz und Pfeffer würzen, den Kalbsbraten in Scheiben schneiden, dekorativ anrichten, mit der Oliven-Tomatensauce überziehen, mit Kräuterzweigen ausgarnieren und servieren.

Zubereitungszeit:
1 1/2–2 Stunden
Pro Portion: kcal 350, kJ 1470

Lammrücken auf Radieschencarpaccio

Für 4 Personen:

600–800 g Lammrückenfilet
2 Zweige Rosmarin
2 Knoblauchzehen
2–3 EL Butterschmalz
Salz, Pfeffer aus der Mühle
2 Bund Radieschen

Außerdem:
2 Schalotten
50 g schwarze Oliven
Saft von 1 Zitrone
1–2 EL Dillsenf
100 ml Gemüse- oder Fleischbrühe
50 ml weißer Balsamico-Essig
1 EL Olivenöl
Kräuterzweige zum Garnieren

1. Das küchenfertige Lammrückenfilet unter fließendem Wasser waschen und trockentupfen. Den Rosmarin mit den geschälten Knoblauchzehen auf einer Arbeitsfläche hacken und das Lammrückenfilet damit einreiben.

2. Das Butterschmalz in einer Pfanne erhitzen. Das Lammrückenfilet darin rundherum anbraten und anschließend in dem auf 180–200 °C vorgeheizten Backofen je nach Geschmack medium oder durch braten, herausnehmen, salzen, pfeffern und warm stellen.

3. Die Radieschen verlesen, waschen, in hauchdünne Scheiben schneiden, auf Tellern dekorativ anrichten.

4. Die Schalotten schälen, fein würfeln, die Oliven in feine Würfel schneiden. Mit den Schalotten, dem Zitronensaft, dem Dillsenf, der Gemüse- oder Fleischbrühe und dem Balsamico-Essig in einer Schüssel verrühren.

5. Das Dressing mit Salz und Pfeffer würzen. Zum Schluss das Olivenöl einrühren.

6. Das Lammrückenfilet in Stücke schneiden, auf das Radieschencarpaccio legen, mit dem Dressing überziehen. Mit Kräuterzweigen ausgarnieren und sofort servieren.

Zubereitungszeit: 30–35 Minuten
Pro Portion: kcal 340, kJ 1430

Fruchtige Putenspiesse

Für 4 Personen:

700 g Putenbrust
1 Banane
1 Apfel
Saft von 1 Zitrone
Salz, Pfeffer aus der Mühle
1 Prise Cayennepfeffer
Butterschmalz zum Braten

Für die Sauce:
2–3 Schalotten
1 Apfel, 1 Banane
1 EL Curry
100 ml Weißwein
200 ml Gemüsebrühe
100 ml Orangensaft
100 ml süße Sahne
1–2 EL Mangochutney
Speisestärke zum Binden
Zitronenmelisse und Chilischeiben zum Garnieren

1. Die Putenbrust unter fließendem Wasser waschen, trockentupfen und in 12 dünne Scheiben schneiden.

2. Die Banane schälen und in Scheiben schneiden. Den Apfel schälen, entkernen und in mundgerechte Stücke schneiden. Das Obst mit Zitronensaft beträufeln.

3. Die Putenscheiben mit den Bananen und den Äpfeln auf Spieße stecken, mit Salz, Pfeffer und Cayennepfeffer würzen.

4. Das Butterschmalz in einer Pfanne erhitzen und die Putenspieße darin braten, herausnehmen und warm stellen.

5. Die Schalotten schälen, fein würfeln, ins verbliebene Bratfett geben und glasig schwitzen.

6. Den Apfel schälen, entkernen, fein würfeln. Die Banane schälen und klein schneiden. Beides zu den Schalotten geben und kurz mitschwitzen. Das Gemüse mit Curry bestäuben, mit Weißwein ablöschen und mit der Gemüsebrühe auffüllen.

7. Die Sauce bei mäßiger Hitze 6–8 Minuten köcheln lassen. Anschließend pürieren, mit dem Orangensaft, der Sahne und dem Mangochutney in einem Topf aufkochen. Die Sauce mit Salz, Pfeffer und Cayennepfeffer abrunden, mit etwas angerührter Speisestärke binden.

8. Die Sauce auf heißen Tellern verteilen, die Putenspießchen darauf legen, mit Zitronenmelisse ausgarnieren, mit Chilischeiben bestreuen und sofort servieren.

Zubereitungszeit: 25–30 Minuten
Pro Portion: kcal 350, kJ 1470

Putencurry mit Äpfeln

Für 4 Personen:

800 g Putenbrustfilet
Salz, Pfeffer aus der Mühle
1 EL Curry
1 EL helles Sesamöl
2 Äpfel
Saft von 1 Zitrone
2 Karotten
2 Bund Frühlingszwiebeln
500 ml Gemüse- oder Geflügelbrühe
1 Stück Ingwerwurzel
2–3 EL Mangochutney
2 EL Currypaste
Speisestärke zum Binden
Kräuterzweige zum Garnieren

1. Das Putenbrustfilet waschen, trockentupfen und in Würfel schneiden. Mit Salz, Pfeffer und Curry würzen. Das Sesamöl in einem Wok erhitzen und das Fleisch darin unter ständigem Rühren braten, herausnehmen und warm stellen.

2. Die Äpfel waschen, das Kerngehäuse mit einem Ausstecher herausstechen, die Äpfel in Spalten schneiden, mit Zitronensaft beträufeln, ins verbliebene Bratfett geben und kurz braten, herausnehmen und zum Fleisch geben.

3. Die Karotten schälen, in dünne Scheiben schneiden, im Bratfett kurz dünsten.

4. Die Frühlingszwiebeln putzen, waschen und in 8–10 cm große Stücke schneiden. Zu den Karotten geben und kurz mitschwitzen. Die Brühe angießen. Den geschälten, geriebenen Ingwer einrühren und das Gemüse bissfest garen.

5. Das Fleisch, die Äpfel, das Mangochutney und die Currypaste untermischen und weitere 6–8 Minuten köcheln lassen. Mit etwas angerührter Speisestärke leicht binden. Das Putencurry nachwürzen, anrichten, mit Kräuterzweigen ausgarnieren und mit Jasminreis servieren.

Zubereitungszeit: 30–35 Minuten
Pro Portion: kcal 350, kJ 1470

Putenschnitzel mit Möhrenhaube

Für 4 Personen:

4 küchenfertige Putenschnitzel à 100 g
Salz, Pfeffer aus der Mühle
1 EL Butterschmalz

Für den Belag:
1 Zwiebel
2-3 Karotten
200 g Magerquark
2 kleine Eier
50 g geriebener Gouda
Semmelbrösel zum Binden
200 ml Gemüsebrühe
100 ml Tomatensauce (Fertigprodukt)
gehackte Sonnenblumenkerne zum Bestreuen

1. Die Putenschnitzel unter fließendem Wasser waschen, trockentupfen, mit Salz und Pfeffer würzen.

2. Das Butterschmalz in einer Pfanne erhitzen und die Putenschnitzel darin braten, herausnehmen und auf ein ausgefettetes Backblech legen.

3. Für den Belag die Zwiebel schälen, fein würfeln, ins verbliebene Bratfett geben und kurz anschwitzen.

4. Die Karotten schälen, fein raspeln, zur Zwiebel geben und mitschwitzen, vom Feuer nehmen und in eine Schüssel umfüllen.

5. Den Magerquark, die Eier und den geriebenen Gouda dazugeben und alles zu einer Masse verarbeiten. Mit Semmelbröseln leicht binden, mit Salz und Pfeffer würzen.

6. Die Masse gleichmäßig auf die Putenschnitzel streichen und im auf 180–200 °C vorgeheizten Backofen 12–15 Minuten garen.

7. Die Gemüsebrühe mit der Tomatensauce in einen Topf geben und zum Kochen bringen. Mit den Putenschnitzeln dekorativ anrichten und gehackte Sonnenblumenkerne darüber streuen. Mit Safranreis und Bohnengemüse servieren.

Zubereitungszeit: 35–40 Minuten
Pro Portion: kcal 340, kJ 1430

Putenbraten in Buttermilchsauce

Für 4 Personen:

1,2 kg Putenbrust
Salz, Pfeffer aus der Mühle
2–3 EL Butterschmalz
100 ml Weißwein
400 ml Buttermilch
2 Lorbeerblätter
1 Zwiebel
einige Nelken
einige Wacholderbeeren
1 TL Oregano
1 TL Thymian

Außerdem:
200 ml Buttermilch
Speisestärke zum Binden
Salatblätter und Kräuterzweige zum Garnieren

1. Die küchenfertige Putenbrust unter fließendem Wasser waschen, trockentupfen, mit Salz und Pfeffer kräftig würzen.

2. Das Butterschmalz in einem Bräter erhitzen und die Putenbrust darin rundherum Farbe nehmen lassen. Im auf 180–200 °C vorgeheizten Backofen 30 Minuten garen.

3. Den Weißwein und die Buttermilch angießen. Die Lorbeerblätter, die geschälte, fein gehackte Zwiebel, die Nelken, die Wacholderbeeren, den Oregano und den Thymian in die Sauce geben und weitere 30–40 Minuten garen.

4. Nach Ende der Garzeit den Putenbraten herausnehmen und warm stellen. Die Sauce durch ein Sieb passieren, in einen Topf geben und erneut erhitzen.

5. Die Buttermilch angießen, zum Kochen bringen und mit etwas angerührter Speisestärke leicht binden.

6. Die Sauce mit Salz und Pfeffer abrunden. Den Putenbraten in Scheiben schneiden, mit der Sauce dekorativ anrichten, mit Salatblättern und Kräuterzweigen ausgarnieren und sofort servieren.

7. Dazu reicht man Salzkartoffeln und Karotten-Spargelgemüse.

Zubereitungszeit: 75–80 Minuten
Pro Portion: kcal 340, kJ 1430

Hähnchenbrust mit Zwiebelgemüse

Für 4 Personen:

4 Hähnchenbrustfilets à 150 g
Salz, Pfeffer aus der Mühle
75 g Frühstücksspeck, in dünne Scheiben geschnitten
1-2 EL Butterschmalz

Für das Zwiebelgemüse:
500 g rote Zwiebeln
1 EL Butter
100 ml Rotwein
300 ml Gemüse- oder Geflügelbrühe
2 Bund Frühlingszwiebeln
1-2 EL milder Feigensenf
Speisestärke zum Binden
3 Orangen
Sellerieblätter zum Garnieren

1. Die küchenfertigen Hähnchenbrustfilets unter fließendem Wasser waschen, trockentupfen, mit Salz und Pfeffer kräftig würzen und in die Speckscheiben wickeln.

2. Das Butterschmalz in einer Pfanne erhitzen. Die Hähnchenbrustfilets einlegen und in dem auf 180-200 °C vorgeheizten Backofen etwa 10 Minuten garen.

3. Anschließend die Filets in Alufolie wickeln und warm stellen.

4. Für das Zwiebelgemüse die Zwiebeln schälen und in Spalten schneiden.

5. Die Butter in einer Pfanne erhitzen und die Zwiebeln darin anschwitzen.

6. Den Rotwein und die Gemüse- oder Geflügelbrühe angießen und bei mäßiger Hitze 6-8 Minuten garen.

7. Die Frühlingszwiebeln putzen, waschen und klein schneiden. Zu den Rotweinzwiebeln geben und kurz mitgaren.

8. Die Zwiebeln mit Feigensenf, Salz und Pfeffer würzen und mit etwas angerührter Speisestärke leicht binden.

9. Die Orangen großzügig schälen und filieren. Die Filets zum Zwiebelgemüse geben und erhitzen.

10. Das Zwiebelgemüse dekorativ anrichten, die in Scheiben geschnittenen Hähnchenbrustfilets darauf legen, mit Sellerieblättern ausgarnieren und mit in Butter gedünsteten Frühlingszwiebeln servieren.

Zubereitungszeit: 20-25 Minuten
Pro Portion: kcal 350, kJ 1470

Hähnchenwürfel mit Brokkoli

Für 4 Personen:

500 g Hähnchenbrustfilets
4 EL Sojasauce
2 Knoblauchzehen
1 rote Chilischote
1 EL Olivenöl
1 Zwiebel
1 Stück Ingwerwurzel
200 g Shiitake-Pilze
200 g bissfest gegarte Brokkoliröschen
300 ml Gemüsebrühe
2 EL Austernsauce
2 EL Hoisinsauce
Salz, Pfeffer aus der Mühle
1 Prise Cayennepfeffer
50 g Cashewkerne
Kräuterzweige zum Garnieren

1. Die küchenfertigen Hähnchenbrustfilets unter fließendem Wasser waschen, trockentupfen, in mundgerechte Würfel oder Streifen schneiden und in eine Schüssel geben.

2. Die Hähnchenwürfel mit Sojasauce beträufeln. Die Knoblauchzehen schälen und fein würfeln. Die Chilischote halbieren, entkernen, fein würfeln, mit dem Knoblauch zum Fleisch geben und mindestens 2 Stunden marinieren.

3. Das Olivenöl in einer Pfanne oder einem Wok erhitzen. Das Fleisch gut abtropfen lassen und unter ständigem Rühren braten.

4. Die Zwiebel schälen, fein würfeln, die Ingwerwurzel schälen und grob raspeln, zum Fleisch geben und kurz mitbraten.

5. Die Shiitake-Pilze putzen, waschen, klein schneiden, zum Fleisch geben und mitbraten.

6. Die Brokkoliröschen untermischen und durchschwenken. Die Marinade und die Gemüsebrühe angießen und einmal aufkochen lassen.

7. Mit Austernsauce, Hoisinsauce, Salz, Pfeffer und Cayennepfeffer kräftig würzen.

8. Die Cashewkerne untermischen, nochmals erhitzen. Das Ganze dekorativ anrichten, mit Kräuterzweigen ausgarnieren und mit bissfest gegartem Reis servieren.

Zubereitungszeit ohne Wartezeit: 20–25 Minuten
Pro Portion: kcal 330, kJ 1386

Fischrouladen mit Zitronensauce

Für 4 Personen:

600 g dünne Seezungenfilets
einige Tropfen Zitronensaft
einige Tropfen Worcestersauce
1 EL geriebene Zitronenschale
Salz, Pfeffer aus der Mühle
10 große Mangoldblätter
Salzwasser
Olivenöl zum Bestreichen
Alufolie zum Einwickeln
Salzwasser zum Garen

Für die Sauce:
3–4 Schalotten
1 unbehandelte Zitrone
1 rote Chilischote, 2–3 EL Butter
einige Zweige Salbei
100 ml Weißwein
200 ml Gemüsebrühe
100 ml süße Sahne
Speisestärke zum Binden
Kräuterzweige zum Garnieren

1. Die Seezungenfilets waschen, trockentupfen und in zehn dünne Streifen schneiden. Mit Zitronensaft und Worcestersauce beträufeln, mit der geriebenen Zitronenschale bestreuen, mit Salz und Pfeffer würzen. Im Kühlschrank 10–15 Minuten ziehen lassen.

2. Die Mangoldblätter verlesen, waschen und in erhitztem Salzwasser blanchieren, herausnehmen, gut abtropfen lassen und auf eine Arbeitsfläche legen.

3. Die Seezungenstreifen darauf legen und zusammenrollen. Zehn entsprechend große Stücke Alufolie dünn mit Olivenöl bestreichen. Die Fischrouladen darauf legen und in die Folie wickeln.

4. Wenig Salzwasser in eine feuerfeste Form geben. Die Fischpäckchen einsetzen und im auf 180–200 °C vorgeheizten Backofen 15–20 Minuten garen.

5. Für die Sauce die Schalotten schälen und würfeln. Die Zitrone unter heißem Wasser abbürsten, zuerst in Scheiben und dann in Ecken schneiden. Die Chilischote halbieren, entkernen, waschen und in Streifen schneiden. Die Butter erhitzen. Die Schalotten, die Zitronenecken und die Chilistreifen dazugeben und anschwitzen.

6. Die Salbeiblätter verlesen und zum Gemüse geben. Weißwein, Gemüsebrühe und Sahne angießen und einmal aufkochen lassen. Die Sauce mit angerührter Speisestärke leicht binden. Mit Worcestersauce, Salz und Pfeffer abrunden.

7. Die Zitronensauce auf Tellern verteilen. Die Fischrouladen aus der Alufolie nehmen und auf der Sauce anrichten, mit Kräuterzweigen ausgarnieren und servieren.

Zubereitungszeit: 35–40 Minuten
Pro Portion: kcal 345, kJ 1450

Tomatenfilet auf Staudensellerie

Für 4 Personen:

4 Kabeljaufilets à 150 g
Saft von 1 Zitrone
einige Tropfen Worcestersauce
Salz, Pfeffer aus der Mühle
Mehl zum Wenden
Fett zum Braten, 1–2 EL Butter
2 Schalotten, 400 g Tomaten
50 g entsteinte, schwarze Oliven

Für das Gemüse:
1 Staudensellerie (ca. 600–800 g)
1 EL Butter, 1 Zwiebel
je 1 grüne und gelbe Paprikaschote
250 ml Gemüse- oder Fischbrühe
30 g geriebener Parmesankäse
Kräuterzweige zum Garnieren

1. Die Fischfilets waschen, trockentupfen, mit Zitronensaft und Worcestersauce beträufeln, mit Salz und Pfeffer würzen und im Kühlschrank 10–15 Minuten ziehen lassen.

2. Die Fischfilets in Mehl wenden. Fett erhitzen, die Filets anbraten, herausnehmen und warm stellen. Die Butter ins verbliebene Bratfett geben, die geschälten, gewürfelten Schalotten darin glasig schwitzen.

3. Die Tomaten enthäuten, entkernen, würfeln, mit den gewürfelten Oliven zu den Schalotten geben und dünsten. Mit Salz und Pfeffer würzen.

4. Den Staudensellerie putzen und klein schneiden. Die Butter in einer Pfanne erhitzen und die geschälte, fein gewürfelte Zwiebel darin glasig schwitzen. Den Staudensellerie mitdünsten.

5. Die Paprikaschoten halbieren, entkernen, waschen, in mundgerechte Stücke schneiden, zum Staudensellerie geben und dünsten.

6. Die Gemüse- oder Fischbrühe angießen und einmal aufkochen lassen. Mit Salz, Pfeffer, Worcestersauce und Zitronensaft abrunden.

7. Das Gemüse in eine Auflaufform füllen. Die Fischfilets darauf legen, mit den Tomaten überziehen, mit dem geriebenen Parmesankäse bestreuen und im auf 180–200 °C vorgeheizten Backofen 10–12 Minuten garen.

8. Nach Ende der Garzeit die Tomatenfilets auf Staudensellerie herausnehmen, dekorativ anrichten, mit Kräuterzweigen ausgarnieren und sofort servieren.

Zubereitungszeit: 30–35 Minuten
Pro Portion: kcal 345, kJ 1450

Victoriabarschfilet mit Kräuterkruste

Für 4 Personen:

4 Victoriabarschfilets à 180–200 g
einige Tropfen Limettensaft
einige Tropfen Worcestersauce
Salz, Pfeffer aus der Mühle
2–3 EL Butterschmalz

Für die Kräuterkruste:
50 g gemischte frische Kräuter (Basilikum, Estragon, Petersilie)
2 EL weiche Butter
3–4 EL Semmelbrösel
2 Knoblauchzehen
1 TL geriebene Limettenschale
30 g geriebener Parmesankäse
Limettenscheiben und Basilikum zum Garnieren

1. Die küchenfertigen Victoriabarschfilets unter fließendem Wasser waschen, trockentupfen, mit Limettensaft und Worcestersauce beträufeln, mit Salz und Pfeffer würzen und im Kühlschrank 10–15 Minuten ziehen lassen.

2. Das Butterschmalz in einer Pfanne erhitzen. Die Fischfilets darin kurz anbraten und in eine feuerfeste Form legen.

3. Die Kräuter verlesen, waschen und fein hacken. Mit der weichen Butter, den Semmelbröseln, den geschälten und fein gehackten Knoblauchzehen, der geriebenen Limettenschale und dem Parmesankäse in eine Schüssel geben und verrühren.

4. Die Kräutermasse gleichmäßig auf die Fischfilets streichen und das Ganze im auf 200 °C vorgeheizten Backofen oder unter dem Grill kurz überbacken.

5. Die Victoriabarschfilets aus dem Ofen nehmen, dekorativ anrichten, mit Limettenscheiben und Basilikum ausgarnieren und mit einem Fenchel-Tomatengemüse servieren.

Zubereitungszeit: 20–25 Minuten
Pro Portion: kcal 290, kJ 1220

Lachsfilet mit grünem Pfeffer

Für 4 Personen:

4 Lachsfilets à 200 g
Saft von 1 Zitrone
einige Tropfen Worcestersauce
Salz, Pfeffer aus der Mühle
4 EL schwarze Pfefferkörner
1 EL weiße Pfefferkörner
2 EL grüne Pfefferkörner
20 g Butter
1 Zwiebel
200 ml Milch, fettarm
1 Bund Dill
1 EL Honig
1 Bund Schnittlauch
Zitronenscheiben und Chilistreifen zum Garnieren

1. Die küchenfertigen Lachsfilets unter fließendem Wasser waschen, trockentupfen, mit Zitronensaft und Worcestersauce beträufeln, mit Salz und Pfeffer würzen und im Kühlschrank 10 Minuten ziehen lassen.

2. Die schwarzen und weißen Pfefferkörner im Mörser schroten, mit den zerdrückten grünen Pfefferkörnern vermischen und die Lachsfilets damit einreiben.

3. Die Butter in einer Pfanne erhitzen und den Pfefferlachs darin auf beiden Seiten braten, herausnehmen und warm stellen.

4. Die Zwiebel schälen, fein würfeln, ins verbliebene Bratfett geben und glasig schwitzen.

5. Die Milch angießen und das Ganze kurz einreduzieren lassen.

6. Den verlesenen, gewaschenen und fein geschnittenen Dill mit dem Honig in die Sauce einrühren. Die Sauce mit Salz, Pfeffer, Zitronensaft und Worcestersauce abschmecken.

7. Die Sauce auf heißen Tellern verteilen, den Pfefferlachs einsetzen, mit dem verlesenen, gewaschenen und fein geschnittenen Schnittlauch bestreuen. Mit Zitronenscheiben und Chilistreifen ausgarnieren und sofort servieren.

Zubereitungszeit: 35–40 Minuten
Pro Portion: kcal 325, kJ 1365

Lachsfilet im Spinatmantel auf Paprikasauce

Für 4 Personen:

4 Lachsfilets à 100 g
Saft von 1 Zitrone
einige Tropfen Worcestersauce
Salz, Pfeffer aus der Mühle

Außerdem:
250 g große Spinatblätter
350 ml Gemüse- oder Fischbrühe
100 ml Weißwein
1 Zwiebel
200 g rote Paprikaschoten
1 rote Chilischote
2 EL Tomatenmark
1/2 grüne Paprikaschote
1/2 gelbe Paprikaschote
1 EL Paprikapulver edelsüß
Kräuterzweige zum Garnieren

1. Die küchenfertigen Lachsfilets unter fließendem Wasser waschen, trockentupfen, mit Zitronensaft und Worcestersauce beträufeln, mit Salz und Pfeffer würzen und im Kühlschrank 10–15 Minuten ziehen lassen.

2. Die Spinatblätter verlesen, waschen und gut abtropfen lassen.

3. Die Gemüse- oder Fischbrühe und den Weißwein in einem Topf zum Kochen bringen.

4. Die Spinatblätter darin kurz blanchieren, herausnehmen und auf eine Arbeitsfläche legen.

5. Die Zwiebel schälen, fein würfeln. Die roten Paprikaschoten und die Chilischote halbieren, entkernen, waschen, fein würfeln, mit dem Tomatenmark in den Sud geben und bei mäßiger Hitze 6–8 Minuten köcheln lassen.

6. In der Zwischenzeit die Lachsfilets in die Spinatblätter wickeln, in den Sud legen und bei mäßiger Hitze in 10–12 Minuten gar ziehen lassen, herausnehmen, gut abtropfen lassen und warm stellen.

7. Die Sauce im Mixer oder mit dem Pürierstab pürieren, die restlichen Paprikaschoten putzen, waschen, in feine Würfel schneiden, mit der Sauce in einem Topf zum Kochen bringen.

8. Die Sauce mit Salz, Pfeffer, Zitronensaft, Worcestersauce und Paprikapulver kräftig abschmecken.

9. Die Paprikasauce auf heißen Tellern verteilen, die Lachsfilets im Spinatmantel darauf setzen, mit Kräuterzweigen ausgarnieren und mit Butternudeln servieren.

Zubereitungszeit: 35–40 Minuten
Pro Portion: kcal 315, kJ 1325

Tomatenspagetti mit Kabeljau-Nocken

Für 4 Personen:

300 g Spagetti, Salzwasser

Für die Nocken:
350 g Kabeljaufilet
1 Eiweiß, 75 g Jogurt
Salz, weißer Pfeffer aus der Mühle
1 Prise Muskat
1 Msp. geriebene Zitronenschale
Semmelbrösel zum Binden
Gemüse- oder Fischbrühe

Für die Sauce:
1 Zwiebel, 1 rote Chilischote
1–2 EL Olivenöl
200 g pürierte Tomaten aus der Dose
2–3 Sardellenfilets
30 g Kapern
20 g entsteinte schwarze Oliven
Basilikum und Limettenecken zum Garnieren

1. Die Spagetti im Salzwasser bissfest garen, abgießen, abschrecken und gut abtropfen lassen.

2. Das Kabeljaufilet unter fließendem Wasser waschen, trockentupfen und in Würfel schneiden. Mit dem Eiweiß und dem Jogurt im Mixer oder mit dem Pürierstab pürieren.

3. Die Masse mit Salz, Pfeffer, Muskat und der geriebenen Zitronenschale würzen. Mit Semmelbröseln leicht binden.

4. Die Gemüse- oder Fischbrühe in einem Topf erhitzen. Von der Fischfarce mit einem Esslöffel Nocken abstechen und diese in der Brühe garen.

5. Für die Sauce die Zwiebel schälen und fein würfeln. Die Chilischote halbieren, entkernen und klein schneiden.

6. Das Olivenöl in einer Pfanne erhitzen, Zwiebel und Chili dazugeben und glasig schwitzen.

7. Die Tomaten mit den klein geschnittenen Sardellenfilets und den gehackten Kapern in die Sauce geben und kurz einreduzieren lassen.

8. Die Spagetti mit den in Scheiben geschnittenen Oliven untermischen, durchschwenken, erhitzen, mit Salz und Pfeffer abschmecken.

9. Die Kabeljau-Nocken vorsichtig unterheben und nochmals erhitzen. Dekorativ anrichten, mit Basilikum und Limettenecken ausgarnieren und servieren.

Zubereitungszeit: 30–35 Minuten
Pro Portion: kcal 350, kJ 1470

Victoriabarsch auf Rosmarinspiesschen

Für 4 Personen:

8 lange Rosmarinzweige
600–800 g Victoriabarschfilets
250 g Champignons
einige Tropfen Zitronensaft
8–12 Cocktailtomaten

Für die Marinade:
2 EL Olivenöl
Saft von 2 Limetten
1 TL geriebene Limettenschale
1 rote Chilischote
2 Knoblauchzehen
Salz, Pfeffer aus der Mühle
Olivenöl zum Ausfetten
Limettenecken und Basilikum zum Garnieren

1. Von den Rosmarinzweigen die Nadeln bis kurz vor der Spitze abstreifen.

2. Die Victoriabarschfilets unter fließendem Wasser waschen, trockentupfen und in mundgerechte Stücke schneiden. Die Champignons putzen, waschen, gut abtropfen lassen. Die Cocktailtomaten waschen und den Strunk herausschneiden.

3. Die Fischstücke, die Champignons und die Tomaten abwechselnd auf die Rosmarinzweige stecken, mit Zitronensaft beträufeln und in eine Schüssel legen.

4. Das Olivenöl mit dem Limettensaft, der geriebenen Limettenschale und den fein geschnittenen Rosmarinnadeln verrühren.

5. Die Chilischote putzen, halbieren, entkernen und klein schneiden, die Knoblauchzehen schälen, fein würfeln und in die Marinade geben.

6. Die Marinade mit Salz und Pfeffer kräftig würzen. Die Rosmarinspießchen damit übergießen und im Kühlschrank mindestens 1 Stunde ziehen lassen.

7. Eine große Grillschale mit Olivenöl ausfetten, die Rosmarinspieße einlegen und auf dem Grill braten.

8. Die gegrillten Rosmarinspieße dekorativ anrichten, mit der restlichen erhitzten Marinade überziehen. Mit Limettenecken und Basilikum ausgarnieren und mit Zaziki und geröstetem Baguette servieren.

Zubereitungszeit ohne Wartezeit: 30–35 Minuten
Pro Portion: kcal 315, kJ 1325

Gratinierte Früchte mit Quark

Für 4 Personen:

2 Orangen
3–4 Kiwis
1 Banane
1 kleine Ananas
1 Mangofrucht
Saft von 1 Zitrone
1 EL Puderzucker

Außerdem:
2 kleine Eier
200 g Magerquark
100 ml Milch, fettarm
2 Päckchen Vanillezucker
Himbeeren, Schokosticks und Kräuterzweige zum Garnieren

1. Die Orangen großzügig schälen und in Scheiben schneiden.

2. Die Kiwis und die Bananen schälen und in Scheiben schneiden.

3. Die Ananas schälen, halbieren, den Strunk herausschneiden und das Fruchtfleisch würfeln. Die Mangofrucht schälen, das Fruchtfleisch vom Kern lösen und in Schnitze oder Scheiben schneiden.

4. Die Früchte dekorativ auf hitzebeständigen Tellern anrichten, mit Zitronensaft beträufeln, mit Puderzucker bestäuben und kurz marinieren.

5. Die Eier mit dem Magerquark und der Milch in eine Schüssel geben und glatt rühren. Mit Vanillezucker süßen.

6. Die Quarkcreme gleichmäßig auf den Früchten verteilen und unter dem Grill oder im 220 °C vorgeheizten Backofen überbacken.

7. Die gratinierten Früchte herausnehmen, dekorativ anrichten, mit frischen Himbeeren, Schokosticks und Kräuterzweigen ausgarnieren und sofort servieren.

Zubereitungszeit: 25–30 Minuten
Pro Portion: kcal 225, kJ 945

Fruchtgelee-Türmchen

Für 4 Personen:

6 Kiwis
20 g Zucker
75 ml Weißwein
4 Blatt weiße Gelatine
4 Orangen
30 g Zucker
Saft von 1 Orange
4 Blatt weiße Gelatine
200 g Johannisbeeren
20 g Zucker
4 cl Johannisbeerlikör
50 ml Johannisbeersaft
4 Blatt rote Gelatine
geschlagene, gesüßte Sahne und Kräuterzweige zum Garnieren

1. Die Kiwis dünn schälen und in Würfel schneiden. Mit dem Zucker im Mixer oder mit dem Pürierstab pürieren.

2. Das Püree in eine Schüssel geben, den Weißwein erhitzen, die gut gewässerte Gelatine darin vollständig auflösen lassen und in das Kiwipüree einrühren.

3. Die Orangen großzügig schälen, das Fruchtfleisch würfeln, mit dem Zucker im Mixer oder mit dem Pürierstab pürieren und in eine Schüssel geben.

4. Den Orangensaft erhitzen. Die gut gewässerte Gelatine darin vollständig auflösen lassen und unter das Orangenpüree rühren.

5. Die Johannisbeeren verlesen, waschen, gut abtropfen lassen, mit dem Zucker und dem Johannisbeerlikör pürieren. Den Saft erhitzen und die gewässerte Gelatine darin auflösen lassen und unter das Johannisbeerpüree ziehen.

6. Je nach Geschmack die einzelnen Geleesorten schichtweise in hohe Gläser füllen und diese im Kühlschrank fest werden lassen.

7. Wenn alle Schichten in die Gläser gefüllt und fest sind, mit geschlagener, gesüßter Sahne und Kräutern ausgarnieren und servieren.

Zubereitungszeit ohne Wartezeit: 35–40 Minuten
Kcal 200, Kjoule 840

Melonengelee auf Limettensirup

Für 4 Personen:

1 Honig- oder Cantaloupemelone (etwa 1 kg)
etwa 250 ml Apfelcidre zum Auffüllen
2–3 EL Blütenhonig
2 EL Agar-Agar-Pulver

Für den Sirup:
4 Limetten
4 EL Blütenhonig
geschlagene, gesüßte Sahne, Minzblättchen, Erdbeerscheiben und Schokosticks zum Garnieren

1. Die Melone halbieren, das Kerngehäuse mit einem Löffel herausschaben. Die Melone in dünne Scheiben schneiden und die Schale abschneiden.

2. Die Hälfte des Fruchtfleisches in Würfel schneiden und im Mixer oder mit dem Pürierstab pürieren.

3. Das Püree in eine Schüssel geben, mit dem Apfelcidre auf 500 ml auffüllen, den Blütenhonig und das Agar-Agar-Pulver mit dem Schneebesen kräftig einrühren.

4. Das Melonenpüree in mit Wasser ausgespülte, dekorative Förmchen füllen und im Kühlschrank vollständig fest werden lassen.

5. Für den Sirup die Limetten halbieren, auspressen und den Saft mit dem Blütenhonig in einer Pfanne zum Kochen bringen.

6. Die restlichen Melonenscheiben in den Sirup geben und kurz ziehen lassen, vom Feuer nehmen und vollständig erkalten lassen.

7. Das Melonengelee aus den Förmchen stürzen und dekorativ anrichten.

8. Die Melonenscheiben dazulegen, mit dem Sirup beträufeln, mit geschlagener, gesüßter Sahne, Minzblättchen, Erdbeerscheiben und Schokosticks ausgarnieren und servieren.

Zubereitungszeit ohne Wartezeit: 15–20 Minuten
Pro Portion: kcal 225, kJ 945

Rotweinbirnen mit Apfelpüree

Für 4 Personen:

4 Birnen
400 ml Rotwein
30 g Zucker
1 Zimtstange
2 Nelken

Für das Apfelpüree:
Saft von 1 Orange
Saft von 1 Zitrone
1 EL Zucker
4 Äpfel
Speisestärke zum Binden

Außerdem:
30 ml süße Sahne
frische Minzblättchen zum Garnieren

1. Die Birnen waschen, halbieren, das Kerngehäuse herausschneiden und die Birnen fächerartig vom Stielende her einschneiden.

2. Den Rotwein mit dem Zucker, der Zimtstange und den Nelken in einem Topf zum Kochen bringen.

3. Die Birnenfächer einsetzen und bei mäßiger Hitze 4–5 Minuten köcheln lassen, vom Feuer nehmen und im Sud erkalten lassen.

4. Für das Apfelpüree den Orangensaft mit dem Zitronensaft und dem Zucker in einem Topf aufkochen und kräftig einreduzieren lassen.

5. Die Äpfel schälen, entkernen, in Würfel schneiden, mit Zitronensaft beträufeln, in den Zuckersirup geben und kurz dünsten.

6. Das Ganze mit etwas angerührter Speisestärke kräftig binden, vom Feuer nehmen und auskühlen lassen.

7. Die Rotweinfächer dekorativ auf Tellern anrichten. Mit zwei Esslöffeln aus dem Apfelpüree Klößchen formen und zu den Birnen geben. Mit der Sahne beträufeln, mit Minzblättchen garnieren und servieren.

Zubereitungszeit ohne Wartezeit:
15–20 Minuten
Pro Portion: kcal 245, kJ 1025

Register

ISBN 3-907194-24-1